초보를 위한 실전 필리핀어

강대민 저

도서출판 GS인터비전

머리말

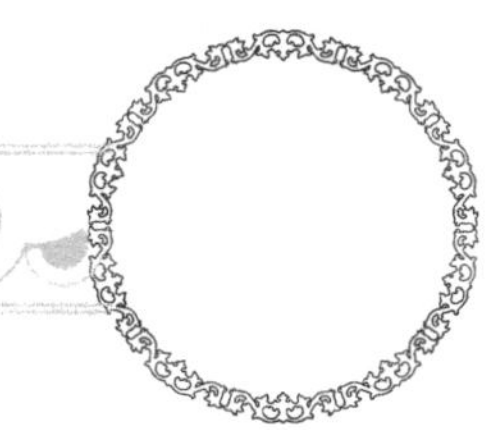

필리핀은 국명이 필리핀공화국(Repubic of the Philippines, 현지어 ; Republika ng Philipinas)이며 7000여개의 섬으로 이루어져 있고 행정단위는 80개의 주(Province)와 1,634개의 시(City) 및 읍(Municipality), 그리고 42,020개의 동(Barangay)으로 나뉘어진 나라로서 우리나라 여행객이 많이 찾는 나라중 하나이다.

우리나라 여행객이 필리핀을 많이 찾는 이유는 각자 다양한 이유가 있겠지만 그 중에서도 우선 필리핀은 동양과 서양의 문화가 공존하여 많은 볼거리가 발달해 있고 아름다운 섬과 경치좋은 곳이 많다는 것이다. 지리적으로도 한국에서 필리핀까지 항공기로 보통 5시간 이내면 갈 수 있을 정도로 멀지 않는 거리이고 음식도 다양하게 경험할 수 있으며 물가도 그렇게 비싸지 않다. 또한 필리핀의 국민성이 낙천적이고 행복지수가 아주 높을 뿐만 아니라 영어를 사용하고 있기에 여행객 입장에서는 여러 가지 장점이 있는 나라중 하나이다.

그러나 이와 반면 필리핀은 많은 형태의 안전사고와 각종 위험이 도사리고 있으며 우리와는 문화가 다르고 생각도 많이 차이가 있어 다른 나라도 마찬가지겠지만 특별히 안전문제에 주의를 기울려야하는 나라이기도 하다.

이 책은 많은 사람들이 여행이나 사업 등 다양한 목적으로 필리핀에 가는 상황에서 현지인을 보다 이해하고 원만한 의사소통이 안전하게 각각 목적을 달성하는데 필요할 것 같아 쓰게 되었다.

현재 필리핀에서 사용되는 공식적인 언어는 영어와 따갈로그이다. 이중 따갈로그는 현지어로서 영어의 알파벳으로 구성되어 있고 문법이 스페인어의 문법과 유사한 것이 많다. 이것은 필리핀이 스페인의 오랫동안 지배를 받아왔기 때문일 것으로 추측되고 우리 입장에서 보통 외국어라 하면 영어나 일본어 문법 등에 익숙한 상황에서 따갈로그의 문법이 쉽게 접근하기가 어려운 부분이 있으나 자꾸 연습하다보면 조금씩 접근이 가능할 것으로 보인다. 그 다음의 특징으로는 따갈로그에 많이 익숙한 사람도 어려울 정도로 동사의 변형이 무수히 많다는 것이다. 한 개의 동사에서도 상황에 따라 표현되는 동사원형이 여러 개이고 이것이 다시 시제에 따라 변화하므로 발생하는 현상이나 이것은 말하는 사람이 상대방에게 구체적이고 상세히 전달하려는 행동으로 생각할 수 있다. 그리고 따갈로그에서는 빠띠끌(관사)의 사용으로 간단한 문장으로 의사를 전달될 수 있는 것이 많다는 것 등 여러 가지 특징이 있는 것으로 생각된다.

본 서적은 국내외 따갈로그 관련서적 및 자료, 각종 사전 및 인터넷 자료 등을 참고하여 따갈로그 발음과 함께 가장 기본적인 내용중심으로 정리하였다. 그리고 실제 따갈로그에서는 억양에 따라 의미가 달라질 수도 있으나 여기서는 억양은 고려하지 않았다.

첫 번째 1부는 따갈로그 기본문법으로서 '따갈로그의 철자 및 발음, 문장의 구성, 인칭대명사, 소유대명사, 지시대명사, 소유격, 부정문과 의문문, 의문대명사, 형용사, 수사와 시간, 여러 가지 형태의 동사중 특별히 많이 쓰이는 Um동사 및 Mag동사, Ma, Maka 및 Magkapag동사, In 및 I동사, 동명사 그리고 대화중에 많이 사용되는 표현'에 대해 언급하였고 2부에서는 '따갈로그(발음) - 한글 - 영어'를 각종 사전과 자료를 참고로 하여 많이 사용되는 단어위주로 정리하였다.

필자의 생각으로는 이 책이 다소 오류나 오기가 있을 것으로 생각된다. 그러나 많은 사람들의 필리핀 여행 중 안전하고 즐겁게 목적을 달성하는데 조금이라도 도움이 되었으면 하는 바람이다.

끝으로 따갈로그 이해와 자료수집에 도움을 많이 준 현지인과 책 내용에 그림을 포함시키는데 협조를 해준 강나영, 그리고 이 책을 출판하는데 수고하신 GS인터비전 출판사 관계자님들에게 감사드린다.

저자 씀.

목 차

따갈로그 기본문법

1부

1장 단어구성 및 발음

이 장은 따갈로그의 철자를 구성하는 모음과 자음에 대해 발음과 함께 설명한다.

- 필리핀어 철자는 5개의 모음과 15개의 자음으로 구성되어 있고 발음은 영어발음과 비슷하나 몇가지만 주의하면 된다.

영어	따갈로그	읽기	비고	영어	따갈로그	읽기	비고
A	A	아	모음	N	N	나	자음
B	B	바	자음	O	O	오	모음
C	사용안함			P	P	빠	자음
D	D	다	자음	Q	사용안함		
E	E	에	모음	R	R	라	자음
F	사용안함			S	S	싸	자음
G	G	가	자음	T	T	따	자음
H	H	하	자음	U	U	우	모음
I	I	이	모음	V	사용안함		
J	사용안함			W	W	와	자음
K	K	까	자음	X	사용안함		
L	L	라	자음	Y	Y	야	자음
M	M	마	자음	Z	사용안함		
				사용안함	ng	낭	자음

- 모음(5개) ; A (아), E (에), I (이), O (오), U (우)

  kayo 까요 ; 우리
  babae 바바에 ; 여자
  ina 인아 ; 어머니
  mabuti 마부띠 ; 좋다
  mabait 마바잇 ; 친절한
  ako 아꼬 ; 나
  iyak 이약 ; 울다
  uminom 움이놈 ; 마시다
  iyo 이요 ; 너의

- 자음(15개) ; B (바), K(까), D(다), G(가), H(하), L(라), M(마), N(나), NG(응아), P(빠), R(라), S(사), T(따), W(와), Y(야)

① 발음 : K, P, T, S, NG를 제외하고 영어의 발음과 같다.

  baboy 바보이 ; 돼지
  kumusta 꾸무스따 ; 안녕하셔요.
  dating 다띵 ; 도착하다
  maganda 마간다 ; 아름다운
  hiya 히야 ; 수줍음
  lakad 라까드 ; 걷다
  manok 마녹 ; 닭고기
  anak 아낙 ; 자식 (아들, 딸)
  Ako si Maria 아꼬 시 마리아 ; 나는 마리아입니다.
  Kumain ako ng almusal. 꾸마인 아꼬 낭 알무살 ; 나는 아침을 먹었습니다.
  pasok 빠속 ; 들어가다.
  rito 리또 ; 여기
  tuwa 뚜와 ; 즐거워하다
  yata 야따 ; 내 생각으로는

② K는 '끄', P는 '쁘', T는 '뜨', S는 '싸'로 발음하여 쌍자음에 가깝다.

  punta 뿐따 ; 가다. 오다
  kain 까인 ; 먹다

Tagalog 따갈로그 ; 따갈로그(필리핀 언어)
lumakad 루마까드 ; 걷다
Siya ay kumanta 샤 아이 꾸만따 ; 그는 노래 불렀습니다.
takbo 딱보 ; 뛰다
pangalan 빵알란 ; 이름

③ NG ; '응' 혹은 '낭'(단독 사용시)
langit 랑-잇 ; 하늘
bahay ng guro 바하이 낭 구로 ; 선생님의 집
Bigyan mo ako ng lapis 비갼 모 아꼬 낭 라삐스 ; 나한테 연필을 주세요.
magandang bahay 마간당 바하이 ; 아름다운 집

◆ 영어의 알파펫중 따갈로그에 사용하지 않는 철자(7개) ; C, F, J, Q, V, X, Z
→ 이 철자는 외래어에는 사용한다.

Cebu 세부 ; 세부 (지역이름)
Cavite 까비떼 ; 까비떼 (지역이름)

◆ 따갈로그는 어휘형식과 문법 등이 영어보다 스페인어의 영향을 많이 받았다.

key Point

1. 따갈로그는 스페인 언어에 많은 영향을 받았다.
2. 발음은 K, P, T, S와 NG 등에 유의할 필요가 있다.
3. 모음 : A(아), E(에), I(이), O(오), U(우)
4. 자음 : B(바), K(까), D(다), G(가), H(하), L(라), M(마), N(나), NG(응아), P(빠), R(라), S(사), T(따), W(와), Y(야),
5. 알파벳 중 따갈로그에 사용하지 않는 철자 : C, F, J, Q, V, X, Z

2장 문장의 구성

이 장은 〈주어 + 서술어〉 형식으로 구성되는 주어적 문장과 〈서술어 + 주어〉 형식으로 표현되는 술어적 문장에 대해 구체적으로 설명하고 주어를 나타내는 인칭관사와 보통관사에 대해 언급한다.

따갈로그 문장은 <주어 + 서술어> 형식과 <서술어 + 주어> 형식으로 사용한다. 이후 설명을 위해 편리상 공식용어는 아니지만 전자의 경우를 <주어적 문장>, 후자의 경우를 <술어적 문장>으로 표현할 것이다.

2-1 주어적 문장 (Subject - Predicate)

주어적 문장의 배열은 {주어 + ay + 서술어}가 된다. 여기서 ay는 관사로서 영어의 be동사와 비슷한 기능을 하나 별다른 뜻이 없고, 단지 주어와 서술어를 연결하는 역할을 한다.

2-1-1 { 주어 + ay + 명사 } 문장

- Ako ay Koreano. 아꼬 아이 꼬레아노.
  - → Ako'y Koreano. 아꼬이 꼬레아노. (동일한 표현)
  - → Koreano ako. 꼬레아노 아꼬. (술어적 문장으로 같은 의미)

  나는 한국사람(남자)입니다.

  < ako - 나, 1인칭 단수주격. Koreano - 한국사람(남자). ako'y = 'ako ay'의 준말 >

  (따갈로그 명사에서 끝에 'o'가 붙으면 남성명사, 'a'가 붙으면 여성명사가 되는 경우가 많다)

남성명사, 여성명사, 중성명사

단어	의미	성별	단어	의미	성별
Americano 아메리카노	미국남자	남	Americana 아메리카나	미국여자	여
Abogado 아보가도	변호사	남	Abogada 아보가다	변호사	여
Italyano 이탈리아노	이탈리아인	남	Italyana 이탈리아나	이탈리아인	여
Doctor 독또르	의사	남	Doctora 독또라	의사	여
Koreano 꼬레아노	한국인	남	Koreana 꼬레아나	한국인	여
Direktor 디렉또	과장	남	Direktora 다렉또라	과장	여
Pilipino 필리피노	필리핀인	남	Pilipina 필리피나	필리핀인	여
Dentista 덴띠스따	치과의사	중성	Piyanista 삐야니스따	피아니스터	중성

- Ako si Tom. 아꼬 시 톰.
  나는 톰이다.
  위 문장에서 인명 앞에는 ay는 생략되고 si를 붙인다. 예로 다음의 문장 ①과 ②는 문법상 틀린 표현이고 문장 ③으로 표현되는 것이 문법상 옳은 것이다.
  ① Ako ay si Smith. 아꼬 아이 시 스미스.
  ② Ako ay Smith. 아꼬 아이 스미스.
  → ③ Ako si Smith. 아꼬 시 스미스.
  나는 스미스이다.

- Siya ay dentista. 샤 아이 덴띠스따.
  그(녀)는 치과의사입니다.
  (siya - 그(그녀)의 의미로서 따갈로그에서는 3인칭 단수로 siya를 사용하는데 이것은 영어와 달리 남성과 여성을 구별하지 않고 남성, 여성 다 사용한다. dentista - 치과의사의 뜻으로 단어의 끝에 a가 왔지만 중성명사이므로 여성 치과의사, 남성 치과의사 다 가능하다 **)**

- Si Mario ay lalaki. 시 마리오 아이 랄라끼.
  마리오는 남자이다.
  < lalaki - 남자 >

- Siya ay kaibigan ko. 샤 아이 까이비간 꼬.
  그(그녀)는 나의 친구이다.
  < kaibigan - 친구. ko - 나의(1인칭 단수 소유격) >
- Ang babae ay nars. 앙 바바에 아이 날스.
  그 여자는 간호원이다.
  < babae - 여자. nars - 간호원, ang - 그 >
- Ako po si Mario. 아꼬 뽀 시 마리오
  나는 마리오입니다(정중함을 나타냄).

**정중함과 존경을 표시할 때는 po나 ho로 표현한다.
문장속에 위치는 상황에 따라 다음과 같이 위치한다.**

예1) Ano po ang pangalan mo? 아노 뽀 앙 빵알란 모?
당신의 존함은 무엇입니까?
→ Ano ho ang pangalan mo? 아노 호 앙 빵알란 모?
< ano - 무엇. pangalan - 이름. mo - 당신의(2인칭 단수 소유격) >

예2) Kaibigan ko po siya. 까이비간 꼬 뽀 샤.
그(녀)는 나의 친구입니다.

예3) 저녁인사에 po를 사용할 때

Magandang gabi po. 마간당 가비 뽀.
저녁 인사
< gabi -저녁 >
→ Magandang gabi rin. 마간당 가비 린. (저녁 인사에 대한 대답)
안녕하세요?
< rin-역시, 또한 >
(din과 rin은 둘다 '역시, 또한'의 의미로서 din은 끝에 자음이 왔을 때 사용하고 rin은 모음이 왔을 때 사용한다. **)**

예4) 인사말에 아래문장과 같이 kayo를 사용한다.

- Kumusta po kayo? 꾸무스따 뽀 까요?
  안녕하셔요? (정중한 표현으로 하는 인사말)
  < kayo - 당신들의, 2인칭 복수. kumusta - 인사 >

<참고> 인칭 대명사

인칭(person)	단수 주격대명사 (Singular subject pronoun)	복수 주격대명사 (Plural S. P)	단수 소유대명사 (Singular P. P)
1인칭	ako 아꼬	kami 까미, taya 따요	ko 꼬
2인칭	Ikaw 이까우, ka 까	kayo 까요	mo 모
3인칭	siya 샤	sila 실라	niya 냐

2-1-2 { 주어 + ay + 형용사 } 문장

- Si Tom ay masipag. 시 톰 아이 마시빡.
  톰은 근면하다.
  < masipag - 근면한 >

- Si Tom ay malusog. 시 톰 아이 말루속.
  톰은 건강하다.
  < malusog - 건강한 >

- Ang babae ay maganda. 앙 바바에 아이 마간다.
  그 여자는 아름답다.
  < maganda - 아름다운. babae - 여자. ang - 그 >

- Ang babae ay mabait. 앙 바바에 아이 마바잇.
  그 여자는 친절합니다.
  < mabait - 친절한 >

◆ Ang lalaki ay matanda. 앙 랄라끼 아이 마딴다.
그 남성은 나이가 많이 들었습니다.
< matanda - 나이가 많이 든, 노인. lalaki - 남자 >

◆ Ang lalaki ay mayaman. 앙 랄라끼 아이 마야만.
그 남성은 부자입니다.
< mayaman - 부자 >

◆ Siya ay masipag at mabait. 샤 아이 마시빡 앗 마바잇.
그는 부지런하고 친절합니다.
< masipag - 부지런한. mabait - 친절한. at - 그리고 >

◆ Siya ay matangad. 샤 아이 마땅가드.
그는 키가 큽니다.
< matangad - 키가 큰 >

◆ Ito ay mahal. 이또 아이 마할.
이것은 비쌉니다.
< mahal - 비싼. ito - 이것 >

◆ Sila ay mabait. 실라 아이 마바잇.
그들은 친절합니다.
< sila - 그들. mabait - 친절한 >

◆ Ang bahay nila ay maliit. 앙 바하이 닐라 아이 말리잇.
그들의 집은 작다.
< bahay - 집. nila -그들의, 3인칭 복수 소유격. maliit - 작은 >

◆ Ang baro niya ay mahal. 앙 바로 냐 아이 마할.
그(그녀)의 옷은 비싸다.
< baro - 옷. mahal - 비싼 >

◆ Ang babae sa labas ay mabait. 앙 바바에 살라바스 아이 마바잇.
밖에 있는 그 여자는 친절하다.
< mabait - 친절한. sa labas - 밖에 >

2-1-3 { 주어 + ay + 동사 } 문장

- Siya ay bumabasa ng aklat ng Tagalog sa bahay niya ngayon. 샤 아이 부마바사 낭 아끌랏 낭 따갈로그 사 바하이 샤 나욘.
  그(녀)는 지금 그(녀)의 집에서 따갈로그의 책을 읽고 있습니다.
  < basa - 읽다. aklat - 책. bahay - 집. ngayon - 오늘, 지금. niya - 그녀의, 3인칭소유격 >
- Kami ay kumain ng almusal sa korean restraunt kahapon. 까미 아이 꾸마인 낭 알무살 사 코리안 레스토랑 까하뽄.
  우리는 어제 한국레스토랑에서 아침을 먹었습니다.
  < kami - 우리. kain - 먹다. almusal - 아침. kahapon - 어제 >

- Ako ay bibili ng bagong kotse bukas. 아꼬 아이 비빌리 낭 바공 꼬테 부까스.
  나는 내일 새로운 차를 살 것이다.
  < bili - 사다. bago - 새로운. kotse - 차. bukas - 내일 >

- Ako ay pupunta sa Philipinas bukas. 아꼬 아이 뿌뿐따 사 삘리삐나스 부까스.
  나는 내일 필리핀에 갈 것입니다.
  < bukas - 내일. punta - 가다 >

- Ang mga bata ay umawit sa simbahan noong isang linggo. 앙 망아 바따 아이 우마윗 사 심바한 노옹 이상 링고.
  그 어린아이들은 1주일 전에 교회에서 노래를 불렀다.
  < mga bata - bata의 복수, 어린아이들. awit - 노래부르다. sa - ~에서. simbahan - 교회. noong - ~전에. isa - 하나. linggo - 주 >

- Ako ay nagbus sa Cubao. 아꼬 아이 낙부스 사 쿠바오.
  나는 쿠바오로 버스를 탔다.
  < magbus - 버스를 타다 >

- Ako ay kumain ng dalawang balot. 아꼬 아이 꾸마인 낭 달라왕 발롯.
  나는 두 개의 발롯을 먹었습니다.
  < dalawa - 둘. balot - 발롯. kain - 먹다 >

- Siya ay aalis ngayon. 샤 아이 아알리스 나욘.
  그녀는 오늘 떠날 것입니다.
  < alis - 떠나다. ngayon - 오늘 >

- Ang bata ay masakit. 앙 바따 아이 마사낏.
  그 아이는 아픕니다.
  < masakit - 아픈. bata - 어린아이 >

2-2 술어적 문장 (Predicate-Subject)

술어적 문장은 명사, 형용사, 동사등의 서술어가 먼저 나오는 형식이다.

2-2-1 {명사 + 주어}형식 문장

{ 주어 + ay + 명사 } 형식문장	→	{ 명사 + 주어 }형식 문장
Ako ay Koreano. 아꼬 아이 꼬리아노.		Koreano ako. 꼬리아노 아꼬.
Ako si Tom. 아꼬 시 톰.		Si Tom ako. 시 톰 아꼬.
Si Mario ay lalaki. 시 마리오 아이 랄라끼.	→	Lalaki si Mario. 랄라끼 시 마리오.
Siya ay kaibigan ko. 샤 이이 까이비간 꼬.		Kaibigan ko siya. 까이비간 꼬 샤.
Siya ay dentista. 샤 아이 덴띠스따.		Dentista siya. 덴띠스따 샤.
Ang babae ay nars. 앙 바바에 아이 날스.		Nars ang babae. 날스 앙 바바에.

- Guro ako sa Pilipinas. 구로 아꼬 사 필리피나스.
  → Ako ay guro sa Pilipinas. 아꼬 아이 구로 사 필리피나스. (주어적 문장)
  나는 필리핀에서 선생입니다.
  < guro - 선생 >

- Pulis siya. 뿔리스 샤.
  → Siya ay pulis. 샤 아이 뿔리스. (주어적 문장)
  그는 경찰관입니다.
  < pulis - 경찰관 >

- Magandang babae si Maria. 마간당 바바에 시 마리아.
  → Si Maria ay magandang babae. 시 마리아 아이 마간당 바바에. (주어적 문장)
  마리아는 아름다운 여자입니다.

2-2-2 {형용사 + 주어}형식 문장

{ 주어 + ay + 형용사 } 문장	→	{형용사 + 주어}형식 문장
Si Tom ay masipag. 시 톰 아이 마시빡.	→	Masipag si Tom. 마시빡 시 톰.
Ang babae ay maganda. 앙 바바에 아이 마간다.		Maganda ang babae. 마간다 앙 바바에.
Ang lalaki ay matanda. 앙 랄라끼 아이 마딴다.		Matanda ang lalaki. 마딴다 앙 랄라끼.
Ang bahay ay maliit. 앙 바하이 아이 말리잇.		Maliit ang bahay. 말리잇 앙 바하이
Ang baro ay mahal. 앙 바로 아이 마할.		Mahal ang baro. 마할 앙 바로.
Ang babae ay mabait. 앙 바바에 아이 마바잇.		Mabait ang babae. 마바잇 앙 바바에.

- Mainit ito. 마이닛 이또.
  → Ito ay mainit. 이또 아이 마이닛. (주어적 문장)
  날씨가 덥다.
  < mainit - 더운. ito - 이것 >

- Payat ka. 빠얏 까.
  → Ikaw ay payat. 이까우 아이 빠얏. (주어적 문장)
  당신은 날씬하다.
  < payat - 날씬한. ka - 너, 2인칭 단수 >

- Matanda siya talaga. 마딴다 샤 딸라가.
  → Siya ay matanda talaga. 샤 아이 마딴다 딸라가. (주어적 문장)
  그는 정말로 나이가 들었다.
  < matanda - 나이가 든. talaga - 정말로 >

2-2-3 {동사 + 주어}형식 문장

{주어 + ay + 동사} 문장	→	{동사 + 주어}형식 문장
Siya ay bumabasa ng aklat ng Tagalog sa bahay niya ngayon. 샤 아이 부마바사 낭 아끌랏 낭 따갈로그 사 바하이 냐 나욘.		Bumabasa siya ng aklat ng Tagalog sa bahay niya ngayon. 부마바사 샤 낭 아끌랏 낭 따갈로그 사 바하이 냐 나욘.
Kami ay kumain ng almusal sa korean restraunt kahapon. 까미 아이 꾸마인 낭 알무살 사 코리안 레스토랑 까하뽄.		Kumain kami ng almusal sa korean restraunt kahapon. 꾸마인 까미 낭 알무살 사 코리안 레스토랑 까하뽄.
Ako ay bibili ng bagong kotse bukas. 아꼬 아이 비빌리 낭 바공 꼬체 부까스.	→	Bibili ako ng bagong kotse bukas. 비빌리 아꼬 낭 바공 꼬체 부까스.
Ang mga bata ay umawit sa simbahan noong isang linggo. 앙 망아 바따 아이 우마윗 사 심바한 노옹 이상 링고.		Umawit ang mga bata sa simbahan noong isang linggo. 우마윗 앙 망아 바따 사 심바한 노옹 이상 링고.
Ako ay nagbus sa Cubao. 아꼬 아이 낙부스 사 쿠바오.		Nagbus ako sa Cubao. 낙부스 아꼬 사 쿠바오.

- Saan ka kumanta? 사안 까 꾸만따?
  당신은 어디서 노래 불렀습니까?
  < kanta - 노래부르다. saan - 어디서 >
  → Kumanta kami sa Korea. 꾸만따 까미 사 코리아. (술어적 문장)
  우리는 한국에서 노래 불렀습니다.

- Bakit ka nagbus sa Metro Manila? 바낏 까 낙부스 사 메트로 마닐라?
  왜 당신은 메트로 마닐라에서 버스를 탔습니까?
  < bakit - 왜. magbus - 버스를 타다. sa - ~에 >
  → Dahil wala akong kotse. 다힐 왈라 아꽁 꼬체.
  나는 차가 없기 때문입니다.
  < dahil - '~ 때문에'. wala - 없다. kotse - 차. ako - 나, 1인칭 단수 >

2-3 인칭관사 및 보통관사

Si는 인칭관사로서 사람 이름 앞에 사용하고, Ang은 보통관사로서 보통명사 앞에 사용한다. Si와 Ang은 주어로 나타내며 단수형과 복수형은 다음과 같다.

단수형	복수형	구분
si 시	sina 시나	인칭관사
ang 앙	ang mga 앙 망아	보통관사

2-3-1 문장의 주어가 사람인 경우 이름앞에 Si, Sina를 붙인다.

- Si John ay bata. 시 존 아이 바따. (단수)
  → Bata si John. 바따 시 잔. (술어적 문장)
  존은 어린아이이다.
  < bata - 어린이 >

- Sina John at David ay mga batang lalaki. 시나 존 앗 다비드 아이 망아 바땅 랄라끼. (주어적 문장, 복수)
  → Mga batang lalaki sina John at David. 망아 바땅 랄라끼 시나 존 앗 다비드. (술어적 문장, 복수)
  존과 다비드는 어린 남성이다.
  < bata - 어린이. at - 그리고 >

- Si John ay doctor. 시 죤 아이 독토르. (단수)
  죤은 의사이다.
  < doctor - 의사 >

- Sina Maria at John ay estudyante. 시 마리아 앗 잔 아이 에스뚜단떼. (복수)
  마리아와 잔은 학생이다.
  < estudyante - 학생 >

- Abogado si Mario. 아보가도 시 마리오. (단수)
  마리오는 변호사이다.
  < abogado - 변호사 >

- Mga bata sina Tom at Kelly. 망아 바따 시나 톰 앗 켈리. (복수)
  톰과 켈리는 어린아이들이다.
  < mga bata - 어린아이들 >

2-3-2 Ang, Ang mga ; 사람이외의 명사 또는 명사구가 주어인 경우에 사용한다.

- Ang mga nars ay mabait. 앙 망아 나르스 아이 마바잇. (복수)
  그 간호원들은 친절하다.
  → Ang nars ay mabait. 앙 나르스 아이 마바잇. (단수)
  그 간호원은 친절하다.
  < nars - 간호원, mga nars - 간호원들. mabait - 친절한 >

- Ang estudyante ay marunong at mabait. 앙 에스뚜단떼 아이 마루농 앗 마바잇. (단수)
  그 학생은 영리하고 친절하다.
  → Ang mga estudyante ay marunong at mabait. 앙 망아 에스뚜단떼 아이 마루농 앗 마바잇. (복수)
  그 학생들은 영리하고 친절하다.
  < estudyante - 학생. marunong - 영리한. mabait - 친절한 >

- Lumalakad ang mga tao doon. 루마라까드 앙 망아 따오 돈. (복수)
  많은 사람들이 저쪽에서 걷고 있다.
  → Lumalakad ang tao doon. 루마라까드 앙 따오 돈. (단수)
  많은 사람이 저쪽에서 걷고 있다.
  < lakad - 걷다. tao - 사람. doon - 저쪽 >

- Mabait ang babae. 마바잇 앙 바바에. (단수)
  그 여자는 친절하다.
  → Mabait din ang mga babae. 마바잇 딘 앙 망아 바바에. (복수)
  그 여자들 역시 친절하다.
  < mabait - 친절한. din - 역시. babae - 여자 >

◆ Matangad ang lalaki. 마땅가드 앙 랄라끼. (단수)
그 남자는 키가 크다.
→ Matangad ang mga lalaki. 마땅가드 앙 망아 랄라끼. (복수)
그 남자들은 키가 크다.
< matangad - 키가 큰. lalaki - 남자 >

대화 : A - 선생님, B - 학생들, C - Mr. John

A ; Magandang umaga sa inyong lahat. 마간당 우마가 사 인용 라핫.
여러분 모두 안녕하셔요.(아침 인사)
< maganda - 좋은. inyo - 너의, 2인칭 복수 소유격. lahat - 모두 >
B; Magandang umaga po naman. 마간당 우마가 뽀 나만.
선생님, 안녕하세요.
< naman - 역시, 다시 >

A; Kamusta kayo? 까무스따 까요?
여러분 안녕하세요?
B; Mabuti po naman. 마부띠 뽀 나만.
선생님, 우리는 잘 지냅니다.

A; Nasaan si Mario? 나사안 시 마리오?
마리오는 어디 있어요?
< nasaan - '~에 있다.' >
C; Wala po. May sakit po siya. 왈라 뽀. 마이 사낏 뽀 샤.
선생님, 그는 여기에 없습니다. 그는 아픕니다.
< wala -없다. may - 가지고 있다. sakit -병. siya - 그(3인칭 단수) >

A ; Paalarm, Everybody. 빠알람 에브리바디.
모두 안녕.
B ; Sige po. 시게 뽀.
안녕히 가세요.
(헤어질 때는 일상적인 용어인 paalam 혹은 대략 sige를 사용한다. 여기서 sige는 goodbye와 okey 둘다 사용한다.)

key Point

1. 주어가 사람인 경우에는 이름 앞에 si(단수), sina(복수)를 붙인다.
2. 사람 이외의 명사 또는 명사구가 주어진 경우에는 ang(단수), ang mga (복수)를 붙인다.
3. Sige는 Goodbye와 Okey 둘다 사용 가능하다.
4. 따갈로그 문장에는 주어적 문장과 술어적 문장이 있다.

【 abugado 】

【 papaya 】

3장 인칭대명사, 소유대명사 및 지시대명사

이 장은 따갈로그에 기초가 되는 1인칭, 2인칭 및 3인칭 단수와 복수에 대한 인칭대명사와 소유대명사에 대해 언급하고 지시대명사의 단수 및 복수의 표현에 대해 설명한다.

3-1 인칭대명사

3-1-1 1인칭 단수 ; Ako - 나

- Ako ay babae. 아꼬 아이 바바에.
  → Babae ako. 바바에 아꼬. (술어적 문장)
  나는 여자이다.
  < babae - 여자 >

- Ako ay estudyante. 아꼬 아이 에스뚜단떼.
  → Estudyante ako. 에스뚜단떼 아꼬. (술어적 문장)
  나는 학생이다.
  < estudyante - 학생 >

- Ako ay guro ng paaralan. 아꼬 아이 구로 낭 빠아랄란.
  나는 학교의 선생이다.
  < guro - 선생. paaralan - 학교. ng - 의 >

- Ako ay bumili ng tatlong aklat. 아꼬 아이 부밀리 낭 따뜰롱 아끌랏.
  나는 3권의 책을 샀다.
  < bili - 사다. tatlo - 셋. aklat - 책 >

- Ako ay Koreano. 아꼬 아이 코레아노.
  나는 한국사람(남자)입니다.
  (Koreano - 끝자가 'o'로 끝나면 남성을 나타내므로 남자 한국사람을 뜻한다)

- Ako ay pupunta doon. 아꼬 아이 뿌뿐따 돈.
  나는 저쪽에 갈 겁니다.
  < punta - 가다. doon - 저쪽 >

3-1-2 1인칭 복수 ; Tayo, Kami - 우리들

> 1인칭 복수에는 두가지 표현이 있다. 하나는 kami로서 전달받는 사람이 포함되지 않고 말하는 사람들만 언급하는 것으로 'exclusive pronoun'이라하고, 다른 하나는 tayo로서 말하는 사람과 전달받는 사람 모두 포함하는 것으로 'inclusive pronoun'이라한다.

- Kami ay estudyante. 까미 아이 에스뚜단떼.
  → Estudyante kami. 에스뚜단떼 까미. (술어적 문장)
  우리들은 학생들입니다. (듣는 사람은 포함하지 않음)

- Tayo ay estudyante. 따요 아이 에스뚜단떼.
  → Estudyante tayo. 에스뚜단떼 따요. (술어적 문장)
  우리들은 학생들입니다. (듣는 사람도 포함)

- Tayo ay lalaki. 따요 아이 랄라끼.
  → Lalaki tayo. 랄라끼 따요 (술어적 문장)
  우리들은 남자입니다. (듣는 사람도 포함함)

- Mag-asawa kami. 막아사와 까미.
  우리는 부부입니다. (듣는 사람은 포함하지 않음)
  (mag-asawa에서 mag은 관계의 의미이고 asawa는 '남편, 아내'의 뜻으로 '부부'를 나타낸다.)

- Tayo ay kaibigan niya. 따요 아이 까이비간 냐.
  우리들은 그(그녀)의 친구이다. (듣는 사람도 포함함)
  < kaibigan - 친구. niya - 3인칭 소유격 >

- Ako ay lalaki. 아꼬 아이 랄라끼.
  → Ako'y lalaki. 아꼬이 랄라끼. (동일한 표현)
  < ako'y는 ako ay의 준말임 >
  → Lalaki ako. 랄라끼 아꼬. (술어적 문장)
  나는 남자이다.
  → Kami ay mga lalaki. 까미 아이 망아 랄라끼. (주어적 문장, 복수)
  우리들은 남자들이다. (듣는 사람은 포함되지 않음)
  → Mga lalaki kami. 망아 랄라끼 까미. (술어적 문장)
  → Tayo ay mga lalaki. 따요 아이 망아 랄라끼.
  우리들은 남자들이다. (듣는 사람도 포함됨)
  → Mga lalaki tayo. 망아 랄라끼 따요. (술어적 문장)

- Ako ay payat. 아꼬 아이 빠얏.
  → Payat ako. 빠얏 아꼬. (술어적 문장)
  나는 날씬하다.
  < payat - 날씬한 >
  → Kami ay mga payat. 까미 아이 망아 빠얏. (주어적 문장, 복수)
  → Mga payat kami. 망아 빠얏 까미. (술어적 문장)
  우리들은 날씬하다. (듣는 사람은 포함되지 않음)
  → Tayo ay mga payat. 따요 아이 망아 빠얏.
  우리들은 날씬하다. (듣는 사람도 포함됨)
  → Mga payat tayo. 망아 빠얏 따요. (술어적 문장)
  (mga를 생략해도 무방함)

3-1-3 2인칭 단수, Ikaw, Ka - 너, 당신

ikaw는 주어적 문장에서 문장이 시작할 때만 사용하고 그 외에는 ka를 사용한다.

- Ikaw ay doktora. 이까우 아이 독또라.
  당신은 (여자)의사이다.
  (doctora - 여성명사로서 '여자의사'임)

- Ikaw ay peryodista. 이까우 아이 뻬르요디스따.
  당신은 기자이다.
  (peryodista - 중성명사로서 남자기자, 여자기자 둘다 뜻함)
  이 문장을 술어적 문장으로 고치면 다음 문장 ①은 틀린 표현이고 문장 ②와 같이 표현해야 한다.
  ① Peryodista ikaw.
  ② Peryodista ka.

- Ikaw ay marunong. 이까우 아이 마루농.
  당신은 현명하다.
  → Marunong ka. 마루농 까. (술어적 문장)
  < marunong - 현명한, 영리한. ka - 당신, 2인칭 단수 >

- Ikaw ay maganda. 이까우 아이 마간다.
  → Maganda ka. 마간다 까. (술어적 문장)
  당신은 아름답습니다.
  < maganda - 아름다운 >

- Ikaw ay guro. 이까우 아이 구로.
  → Guro ka. 구로 까. (술어적 표현)
  당신은 선생입니다.
  < guro - 선생 >

- Ikaw ay marunong. 이까우 아이 마루농.
  →Marunong ka. 마루농 까. (술어적 표현)
  < marunong - 현명한 >

3-1-4 2인칭 복수 ; Kayo - 당신들

- Kayo sina Kim at Park. 까요 시나 김 앗 박.
  당신들은 김과 박입니다.
  < sina - 복수 인칭관사. at - 그리고 >

- Kayo ay magkapatid. 까요 아이 막까빠띠드.
  당신들은 형제들입니다.
  < magkapatid - 형제. 남매 >

- Ikaw ay lalaki. 이까우 아이 랄라끼.
  → Lalaki ka. 랄라끼 까. (술어적 문장)
  너는 남자이다.
  → Kayo ay mga lalaki. 까요 아이 망아 랄라끼. (복수)
  → Mga lalaki kayo. 망아 랄라끼 까요. (술어적 문장)
  당신들은 남자들이다.

- Kayo ay Koreano. 까요 아이 코리아노.
  → Koreano kayo. 코리아노 까요. (술어적 표현)
  당신들은 한국사람입니다.

- Kayo ay guro. 까요 아이 구로.
  당신들은 선생님이다.
  < guro - 선생 >

3-1-5 3인칭 단수 ; Siya - 그, 그녀

- Siya ay mabait na babae. 샤 아이 마바잇 나 바바에.
  그녀는 친절한 여자이다.
  (siya - '그, 그녀' 다 같이 포함되나 여기서는 '그녀'의 뜻으로 해석된다. mabait -친절한. na - 연결어)

- Siya ay matandang lalaki. 샤 아이 마딴당 랄라끼.
  그는 나이든 남자이다.
  < matanda - 나이든 >

- Siya ay abogado. 샤 아이 아보가도.
  그는 변호사이다.
  < abogado - 변호사 >

- Siya ay pangit. 아끄 아이 빵잇.
  그(녀)는 못 생겼다.
  < pangit - 못생긴 >

- Americano siya. 아메리카노 샤.
  그는 미국(남자)입니다.
  (Americano는 남성명사로서 '미국남자'를 나타냄)

- Siya ay pagood. 샤 아이 빠고오드.
  그는 피곤합니다.
  < pagood - 피곤한 >

3-1-6 3인칭 복수 ; Sila -그들, 그녀들

- Sila ay masayang masaya. 실라 아이 마사양 마사야.
  그들은 매우 행복하다.
  < masaya - 행복한 >

- Pupunta sila sa paaralan bukas. 뿌뿐따 실라 사 빠아랄란 부까스.
  그들은 내일 학교에 갈 겁니다.
  < punta - 가다. sa - ~에. paaralan - 학교. bukas - 내일 >

- Sila ay lalaki. 실라 아이 랄라끼.
  → Lalaki sila. 랄라끼 실라. (술어적 문장)
  그들은 남자이다.

- Sila ay bumili ng tinapay. 실라 아이 부밀리 낭 띠나빠이.
  그들은 빵을 샀습니다.
  < tinapay - 빵. bili - 사다 >

- Sila ay uminom ng tubig. 실라 아이 우미놈 낭 뚜빅.
  그들은 물을 마셨습니다.
  < inom - 마시다. tubig - 물 >

인칭대명사

1인칭		2인칭		3인칭	
단수	복수	단수	복수	단수	복수
Ako 아꼬	Kami 까미 Tayo 따요	Ikaw 이까우 Ka 까	Kayo 까요	Siya 샤	Sila 실라

3-2 소유대명사

3-2-1 1인칭 단수 소유격 ; Akin, Ko - 나의

akin은 명사 앞에 위치하고 ko는 명사 뒤에 위치한다

- Ang aking kotse ay mura. 앙 아낑 꼬체 아이 무라.
  → Ang kotse ko ay mura. 앙 꼬체 꼬 아이 무라. (동일한 표현)
  → Mura ang aking kotse. 무라 앙 아낑 꼬체. (동일한 표현, 술어적 문장)
  → Mura ang kotse ko. 무라 앙 꼬체 꼬. (동일한 표현, 술어적 문장)
  내 차는 싸다.
  < kotse - 차. mura - 싼 >

- Ang aking asawa ay maganda at payat. 앙 아낑 아사와 아이 마간다 앗 빠얏.
  → Ang asawa ko ay maganda at payat. 앙 아사와 꼬 아이 마간다 앗 빠얏. (동일한 표현)
  → Maganda at payat ang aking asawa. 마간다 앗 빠얏 앙 아낑 아사와. (동일한 표현, 술어적 문장)
  → Maganda at payat ang asawa ko. 마간다 앗 빠얏 앙 아사와 꼬. (동일한 표현, 술어적 문장)
  나의 아내는 아름답고 날씬합니다.
  < maganda - 아름다운. at - 그리고. payat - 날씬한. asawa - 배우자, 남편, 아내 >

- Ang bahay ko ay mura. 앙 바하이 꼬 아이 무라.
  → Ang aking bahay ay mura. 앙 아낑 바하이 아이 무라.
  내 집은 싸다.
  < bahay - 집. mura - 싼 >

- Ang kapatid ko ay tatlang tao. 앙 까빠띠드 꼬 아이 따뜰롱 따오.
  나의 형제는 3명입니다.
  < kapatid - 형제, 자매. tao - 사람. tatlo - 3 >

- Siya ay aking anak. 샤 아이 아낑 아낙.
  그는 내 자식이다.
  < anak - 자식 >

3-2-2 1인칭 복수의 소유격 ; Amin, Atin, Namin, Natin - 우리들의

상대방 포함하지않는 '우리'	상대방 포함하는 '우리'	위치
Amin 아민	Atin 아띤	명사앞 위치
Namin 나민	Natin 나띤	명사뒤 위치

- Bago ang aming baro. 바고 앙 아밍 바로.
  우리들의 옷은 새것이다. (여기서 '우리'는 상대방이 포함되지 않는 '우리'임)
  → Bago ang baro namin. 바고 앙 바로 나민. (동일한 표현)

위의 문장을 상대방을 포함하는 '우리'로 바꾸면 아래 두 문장으로 된다.
① Bago ang ating baro. 바고 앙 아띵 바로.
② Bago ang baro natin. 바고 앙 바로 나띤.
< bago - 새로운. baro - 옷 >

◆ Nasaan ang aming libro? 나사안 앙 아밍 리브로?
→ Nasaan ang libro namin? 나사안 앙 리브로 나민. (동일한 표현)
우리들의 책은 어디에 있느냐? (듣는 사람이 포함되지 않는 '우리')
위의 문장을 상대방을 포함하는 '우리'로 바꾸면 아래 두 문장으로 된다.
① Nasaan ang ating libro? 나사안 앙 아띵 리브로?
② Nasaan ang libro natin? 나사안 앙 리브로 나띤?
< nasaan - 어디에. libro - 책 >

◆ Bago ang ating lapis. 바고 앙 아땅 라삐스.
우리들의 연필은 새것이다.
< lapis - 연필 >

◆ Masipag ang nanay namin. 마시빡 앙 나나이 나민.
우리들의 어머니는 부지런하다.
< masipag - 부지런한. nanay - 어머니 >

◆ Maliit ang mesa natin. 말리잇 앙 메사 나띤.
우리들의 책상이 작다.
< maliit - 작은. mesa - 책상 >

◆ Ang bahay namin ay malayo. 앙 바하이 나민 아이 말라요.
우리들의 집은 멀다.
< malayo - 먼, bahay - 집 >

◆ Ating bansa ay Korea. 아띵 반사 아이 코리아.
우리들의 국가는 코리아이다.
< bansa - 국가 >

3-2-3 2인칭 단수의 소유격 ; Iyo, Mo - 당신의

Iyo는 명사앞에 위치하고 Mo는 명사뒤에 위치한다.

- Ang iyong guro ay mabait. 앙 이용 구로 아이 마바잇.
  → Ang guro mo ay mabait. 앙 구로 모 아이 마바잇. (동일한 표현)
  당신의 선생님은 친절하다.
  < guro - 선생. mabait - 친절한 >

- Ano ang pangalan mo? 아노 앙 빵알란 모?
  → Ano ang iyong pangalan? 아노 앙 이용 빵알란? (동일한 표현)
  당신 이름은 무엇입니까?
  < ano - 무엇. pangalan - 이름 >

- Maganda ang kaibigan mo. 마간다 앙 까이비간 모.
  → Maganda ang iyong kaibigan. 마간다 앙 이용 까이비간. (동일한 표현)
  당신의 친구는 아름답다.
  < maganda - 아름다운. kaibigan - 친구 >

- Ang iyong anak ay mabait. 앙 이용 아낙 아이 마바잇.
  당신의 자식은 친절하다.
  < anak - 자식, mabait - 친절한 >

3-2-4 2인칭 복수의 소유격 ; Inyo, Ninyo - 당신들의

Inyo는 명사앞에 위치하고 Ninyo는 명사뒤에 위치한다.

- Malaki at bago ang inyong bahay. 말라끼 앗 바고 앙 인용 바하이.
  → Malaki at bago ang bahay ninyo. 말라끼 앗 바고 앙 바하이 닌요. (동일한 표현)
  당신들의 집은 크고 새 것이다.
  < malaki - 큰. bago - 새로운. bahay - 집 >

- Kaibigan ko ang inyong kaibigan. 까이비간 꼬 앙 인용 까이비간.
  → Kaibigan ko ang kaibigan ninyo. 까이비간 꼬 앙 까이비간 닌요. (동일한 표현)
  당신의 친구는 나의 친구이다.
  < kaibigan - 친구 >

- Marunong ang inyong mga anak. 마루농 앙 인용 망아 아낙.
  → Marunong ang mga anak ninyo. 마루농 앙 망아 아낙 닌요. (동일한 표현)
  당신들의 자식들은 똑똑합니다.
  < marunong - 현명한, 똑똑한. anak - 자식 >

- Ang katawan ninyo ay mataba. 앙 까따완 닌요 아이 마따바.
  당신들의 몸은 뚱뚱합니다.
  < katawan - 몸. mataba - 뚱뚱한 >

- Ano ang pangalan ninyo? 아노 앙 빵알란 닌요?
  당신들의 이름은 무엇입니까?
  < pangalan - 이름>

3-2-5 3인칭 단수 소유격 ; Kanya, Niya - 그의, 그녀의

'Kanya'는 명사 앞에 위치하고, 'Niya'는 명사 뒤에 위치한다

- Malinis ang kanyang bahay. 말리니스 앙 깐양 바하이.
  → Malinis ang bahay niya. 말리니스 앙 바하이 냐. (동일한 표현)
  그(녀)의 집은 깨끗하다.
  < malinis - 깨끗한. bahay - 집 >

- Puwede ka bang maglinis ng silid niya? 뿌웨데 까 방 막리니스 낭 실리드 냐?
  → Puwede ka bang maglinis ng kanyang silid? 뿌웨데 까 방 막리니스 낭 깐양 실리드? (동일한 표현)

너는 그(그녀)의 방을 청소할 수 있느냐?
< puwede - 할 수 있다. maglinis - 청소하다. silid - 방 >

- Bago ang baro niya. 바고 앙 바로 냐.
  그(그녀)의 옷은 새것이다.
  < bago - 새로운. baro - 옷 >

- Ang kanyang sapatos ay malinis. 앙 깐양 사빠토스 아이 말리니스.
  그(그녀)의 신발은 깨끗하다.
  < sapatos - 신발. malinis - 깨끗한 >

- Ito ay sa kanya. 이또 아이 사 깐야.
  이것은 그의 것이다.
  < sa kanya - 그(녀)의 것 >

- Ang kotse niya ay pulang kulay. 앙 꼬체 냐 아이 뿔랑 꿀라이.
  그녀의 차는 빨간 차이다.
  < pula - 빨간. kulay - 색깔 >

3-2-6 3인칭 복수의 소유격 ; Nila, Kanila - 그들의

Kanilar는 명사 앞에 위치하고 Nila는 명사 뒤에 위치한다

- Pumunta ang kanilang ama sa S. M.. 뿌문따 앙 까닐랑 아마 사 에스 엠.
  → Pumunta ang ama nila sa S. M.. 뿌문따 앙 아마 닐라 사 에스 엠 (동일한 표현)
  그(그녀)의 어머니는 S.M에 갔다.
  < punta - 가다. ama - 아버지 >

- Mahirap ang pagpunta nila sa America. 마히랍 앙 빡뿐따 닐라 사 아메리카.
  → Mahirap ang kanilang pagpunta sa America. 마히랍 앙 까닐랑 빡뿐따 사 아메리카. (동일한 표현)

그들이 아메리카에 간다는 것은 어렵다.
< mahirap - 어려운. punta - 가다, 오다 >

- Ang kanilang libo ay mahal. 앙 까닐링 리보 아이 마할.
  그들의 책은 비싸다.
  < mahal - 비싼 >

- Ang sapatos nila ay luma. 앙 사빠또스 닐라 아이 루마.
  그들의 신발은 오래되었다.
  < luma - 오래된, sapatos - 신발 >

- Ang kanilang silid ay bago. 앙 까닐랑 실리드 아이 바고.
  그들의 방은 새것이다.
  < silid - 방 >

위의 소유격을 정리하면 다음 표와 같다.

소유대명사

	1인칭	2인칭	3인칭
단수	Akin 아낀, Ko 꼬	Iyo 이요, Mo 모	Kanya 깐야, Niya 냐
복수	Amin 아민, Atin 아띤 Namin 나민, Natin 나띤	Inyo 인요, Ninyo 닌요	Nila 닐라, Kanila 까닐라

3-3 지시대명사

3-3-1 Ito (Mga ito) - 이것(이것들)

- Ito ay mahal. 이또 아이 마할. (단수)
  → Mahal ito. 마할 이또. (동일한 표현, 술어적 문장)
  이것은 비싸다.
  → Ang mga ito ay mahal. 앙 망아 이또 아이 마할. (복수)
  이것들은 비싸다.
  < mahal - 비싼 >

- Ito ay sa iyo. 이또 아이 사 이요. (단수)
  이것은 그의 것이다.
  → Ang mga ito ay sa iyo. 앙 망아 이또 아이 사 이요. (복수)
  이것들은 그의 것이다.
- Ano ito? 아노 이또? (단수)
  이것은 무엇이냐?
  → Ano ang mga ito? 아노 앙 망아 이또? (복수)
  이것들은 무엇이냐?
- Ito ay sariwa. 이또 아이 사리와. (단수)
  이것은 신선하다.
  → Ang mga ito ay sariwa. 앙 망아 이또 아이 사리와. (복수)
  이것들은 신선하다.
  < sariwa - 신선한 >

3-3-2 Iyan, Iyon(Mga iyan, Mga iyon) - 저것(저것들)

- Iyan(Iyon) ay mahal. 얀(욘) 아이 마할. (단수)
  → Mahal iyan. 마할 얀. (동일한 표현, 술어적 문장)
  저것은 비싸다.
  → Ang mga iyan(iyon) ay mahal. 앙 망아 얀(욘) 아이 마할. (복수)
  저것들은 비싸다.

- Kaninong kotse iyan(iyon)? 까니농 꼬체 얀(욘)? (단수)
  저것은 누구의 차이냐?
  → Kaninong mga kotse ang mga iyan? 까니농 망아 꼬체 앙 망아 얀? (복수)
  저것들은 누구의 차들이냐?
  < kanino - 누구의 >

- Ito ay mesa. 이또 아이 메사. (단수)
  이것은 책상이다.
  → Ang mga ito ay mesa. 앙 망아 이또 아이 메사.
  이것들은 책상이다.
  < mesa - 책상 >

위 지시대명사를 정리하면 다음과 같다.

지시대명사

	이것	저것	저것
단수	ito 이또	iyan 얀	iyon 욘
복수	mga ito 망아 이또	mga iyan 망아 얀	mga iyon 망아 욘

(참고)

(단수형 기준으로 Ito(이것)는 대상물이 말하는 사람과 듣는 사람, 둘 다 가까이 있는 경우에 사용한다. 그리고 Iyan(저것)은 대상물이 말하는 사람에게는 멀리, 듣는 사람에게는 가까이 있는 경우에 사용하고 Iyon(저것)은 말하는 사람과 듣는 사람, 둘 다 멀리 떨어져 있는 경우에 사용한다. **)**

key Point

1. 1인칭 복수중 '우리'라는 뜻을 지닌 kami는 듣는 사람이 포함하지 않고 tayo는 듣는 사람이 포함한다.
2. 2인칭 단수중 ikaw는 문장이 시작할 때, 그 외에는 ka를 사용한다.
3. 소유격은 명사앞에 위치하는 경우와 명사 뒤에 위치하는 경우가 있다.
4. 인칭대명사 중 단수에는 ako, ikaw, ka, siya가 있고 복수에는 kami, tayo, kayo, sila가 있다.
5. 소유대명사 중 단수에는 ko, akin, mo, iyo, kanya, niya가 있고 복수에는 amin, namin, natin, inyo, ninyo, kanila, nila가 있다.
6. 지시대명사는 ito, iyan 및 iyon등이 있다.

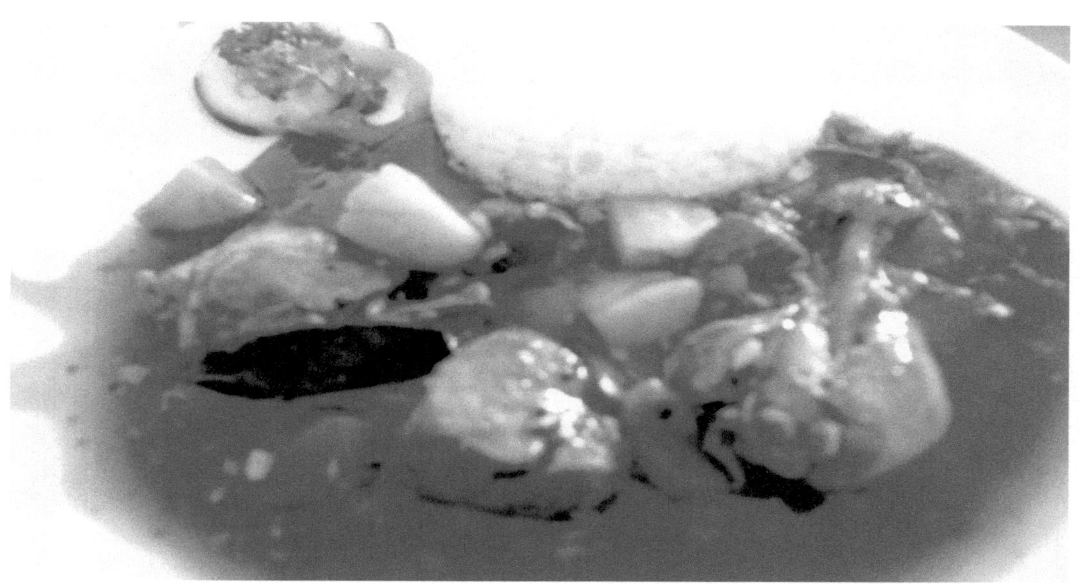

【 마녹 】

【 살몬회 】

4장 인명, 보통명사의 소유격

이 장은 인명의 소유격과 보통명사의 소유격을 단수와 복수의 경우에 대해 설명한다.

4-1 인명의 소유격

	형태	주격	소유격
인명	단수	Si 시 + 인명	Ni 니 + 인명
	복수	Sina 시나 + 인명	Nina 니나 + 인명

- Siya ay kaibigan ni Smith. 샤 아이 까이비간 니 스미스.
  그(그녀)는 스미스의 친구이다.
  < kaibigan - 친구 >

- Malusog ang pinsan ni John. 말루속 앙 삔산 니 쟌.
  쟌의 사촌은 건강하다.
  < malusog - 건강한. pinsan -사촌 >

- Ano ang magtrabaho ni Mario? 아노 앙 막뜨라바호 니 마리오?
  마리오의 직업은 무엇이냐?
  < ano - 무엇. magtrabaho - 직업, 일 >

- Payat ang katawan nina Maria at Karen. 빠얏 앙 까따완 니나 마리아 앗 까렌.
  마리아와 카렌의 몸매는 날씬하다
  < payat - 날씬한. katawan - 몸매. at - 그리고 >

- Ang bahay ni John ay mahal. 앙 바하이 니 쟌 아이 마할.
  쟌의 집은 비싸다.

- Nasaan ang anak ni Mario? 나사안 앙 아낙 니 마리오?
  마리오의 자식은 어디에 있느냐?

- Ang ina nina Maria at John ay pupunta sa America bukas. 앙 이나 니나 마리아 앗 쟌 아이 뿌뿐따 사 아메리카 부까스.
  마리아와 쟌의 어머니는 내일 아메리카에 갈 것입니다.
  < ina - 어머니. punta - 가다 >

- Bakit ang pinsan ni John nasa America? 바낏 앙 삔산 니 쟌 나사 아메리카?
  왜 쟌의 사촌은 아메리카에 있습니까?
  < pinsan - 사촌. bakit - 왜 >

4-2 보통명사의 소유격

인명	형태	주격	소유격
	단수	Ang 앙+ 보통명사	Ng 낭 + 보통명사
	복수	Ang mga 앙 망아 + 보통명사	Ng mga 낭 망아 + 보통명사

- Pula ang kulay ng mansanas. 뿔라 앙 꿀라이 낭 만사나스.
  사과의 색깔은 빨갛다.
  < pula - 빨간. kulay - 색깔. mansanas - 사과 >

- Mahirap ang buhay ng mga tao. 마히랍 앙 부하이 낭 망아 따오.
  사람들의 삶이 어렵다.
  < mahirap - 어려운. buhay - 삶, 인생. tao - 사람 >

- Marunong ang anak na lalaki. 마루농 앙 아낙 나 랄라끼.
  그 남자 아이는 똑똑하다.
  < marunong - 현명한, 똑똑한. anak - 자식 >

- Mahal ang presyo ng mga bahay sa Seoul. 마할 앙 쁘레쇼 낭 망아 바하이 사 서울.
  서울의 집값들은 비싸다.
  < presyo - 가격. bahay - 집 >

대화

- Anong kulay ang kotse ni Maria? 아농 꿀라이 앙 꼬체 니 마리아?
  마리아의 차는 무슨 색깔입니까?
  → Puti ang kotse ni Maria. 뿌띠 앙 꼬체 니 마리아.
  마리아의 차는 흰색입니다.
  < puti - 하얀. kulay - 색깔 >

- Anong kulay ang lapis ni Brown? 아농 꿀라이 앙 라삐스 니 브라운?
  브라운의 연필은 무슨 색입니까?
  → Pula ang lapis ni Brown. 뿔라 앙 라삐스 니 브라운.
  브라운의 연필은 빨간색입니다.
  < pula - 빨간. lapis - 연필 >

- Aling kotse ang iyo, ang pulang kotse or ang asul na kotse? 알링꼬체 앙 이요, 앙 뿔랑 꼬체 오 앙 아술 나 꼬체?
  당신의 것이 어느 차이냐, 빨간 차냐 혹은 푸른 차이냐?
  < asul - 푸른 >

- Alin ang akin? 알린 앙 아낀?
  어느 것이 나의 것이냐?
  → Alin ang iyo? 알린 앙 이요?
  어느 것이 당신의 것이냐?
  → Alin ang kanya? 알린 앙 깐야?
  어느 것이 그(녀)의 것이냐?
  < alin - 어느 것 >

- Alin ang kotse niya? 알린 앙 꼬체 냐?
  그(녀)의 차는 어느 것이냐?
  → Ang pulang kotse ang kotse niya. 앙 뿔랑 꼬체 앙 꼬체 냐
  그(녀)의 차는 빨간 차이다.
- Meron bang puting kotse sa labas? 메론 방 뿌띵 꼬체 살라바스?
  밖에 하얀 차는 있느냐?
  → Walang puting kotse sa labas. 왈랑 뿌띵 꼬체 살라바스.
  밖에 하얀 차가 없습니다.
  < wala - 없다 >

key Point

1. 단수인명의 주격은 Si, 소유격은 Ni가 붙는다.
2. 복수인명의 주격은 Sina, 소유격은 Nina가 붙는다.
3. 단수 보통명사의 주격은 Ang, 소유격은 Ng이 붙는다.
4. 복수 보통명사의 주격은 Ang mga, 소유격은 Ng mga가 붙는다.

【 세부에 있는 라푸라푸 동상 】

【 보홀섬의 초코릿 힐 】

5장 부정문과 의문문

이 장은 부정문으로서는 주어적 문장에서의 부정문과 술어적 문장에서의 부정문에 대해 설명하고 의문문으로서는 평서문의 의문문과 부정문의 의문문을 설명한다

5-1 부정문

5-1-1 주어적 문장에서의 부정문

주어적 문장에서 긍정문을 부정문으로 고칠려면 다음과 같이 Hindi를 사용한다.

- Ang bahay na iyan ay mahal. 앙 바하이 나 얀 아이 마할.
  저 집은 비싸다.
  → Ang bahay na iyan ay hindi mahal. 앙 바하이 나 얀 아이 힌디 마할. (부정문)
  저 집은 비싸지 않다.
  < bahay - 집. mahal - 비싼. iyan - 저쪽 >

- Ikaw ay mabait. 이까우 아이 마바잇.
  당신은 친절하다.
  → Ikaw ay hindi mabait. 이까우 아이 힌디 마바잇. (부정문)
  당신은 친절하지 않다.
  < mabait -친절한>

- Si Mario ay estudyante. 시 마리오 아이 에스뚜단테.
  마리오는 학생이다.
  → Si Mario ay hindi estudyante. 시 마리오 아이 힌디 에스뚜단테. (부정문)
  마리오는 학생이 아니다.
  < estudyante - 학생 >

- Ito ay masarap. 이또 아이 마사랍.
  이것은 맛있다.
  → Ito ay hindi masarap. 이또 아이 힌디 마사랍. (부정문)
  이것은 맛있지 않다.

- Ang kotse ay pulang kulay. 앙 꼬체 아이 뿔랑 꿀라이.
  그 차는 빨간 색깔이다.
  → Ang kotse ay hindi pulang kulay. 앙 꼬체 아이 힌디 뿔랑 꿀라이. (부정문)
  그 차는 빨간 색깔이 아니다.
  < masarap - 맛있는. kotse - 차. kulay - 색깔. pula - 빨간 >

- Ito ay sa iyo. 이또 아이 사 이요.
  이것은 너의 것이다.
  → Ito ay hindi sa iyo. 이또 아이 힌디 사 이요.
  이것은 너의 것이 아니다.

5-1-2 술어적 문장에서의 부정문

술어적 문장의 부정문은 다음과 같이 표현된다.

가. 명사, 사람이름 및 지시 대명사가 주어인 술어적 문장에서의 부정문

명사 및 사람이름이 주어인 경우

- Mayaman ang lalaki. 마야만 앙 랄라끼.
  그 남자는 부자이다.
  → Hindi mayaman ang lalaki. 힌디 마야만 앙 랄라끼. (부정문)

그 남자는 부자가 아니다.
< mayaman - 부자. lalaki - 남자 >

◆ Mataba si John. 마따바 시 죤.
죤은 뚱뚱하다.
→ Hindi mataba si John. 힌디 마따바 시 죤. (부정문)
죤은 뚱뚱하지 않다.
< mataba - 뚱뚱한 >

◆ Maganda ang bulalak. 마간다 앙 불랄락.
그 꽃은 아름답다.
→ Hindi maganda ang bulalak. 힌디 마간다 앙 불랄락. (부정문)
그 꽃은 아름답지 않다.
< bulalak - 꽃 >

◆ Matangad si Kelly. 마땅가드 시 켈리.
켈리는 키가 크다.
→ Hindi matangad si Kelly. 힌디 마땅가드 시 켈리. (부정문)
켈리는 키가 크지 않다.
< matangad - 키 큰 >

지시대명사가 주어인 경우

◆ Mansanas ito. 만사나스 이또.
이것은 사과이다.
→ 윗 문장을 부정문으로 표현하면 다음 ①, ②문장이 모두 가능하다.
① Hindi mansanas ito. 힌디 만사나스 이또.
② Hindi ito mansanas. 힌디 이또 만사나스.
이것은 사과가 아니다.
< mansanas - 사과 >

- Sa akin ito. 사 아낀 이또.
  그것은 나의 것이다.
  → 이 문장의 부정문은 아래 ①, ②문장이 가능하다.
  ① Hindi ito sa akin. 힌디 이또 사 아낀.
  ② Hindi sa akin ito. 힌디 사 아낀 이또.
  그것은 나의 것이 아니다.

- Aklatan iyan. 아끌라딴 얀.
  저것은 도서관이다.
  → 이 문장의 부정문은 역시 아래 ①, ②문장이 가능하다.
  ① Hindi aklatan iyan. 힌디 아끌라딴 얀.
  ② Hindi iyan aklatan. 힌디 얀 아끌라딴.
  저것은 도서관이 아니다.
  < aklatan - 도서관 >

- Lapis mo ito. 라삐스 이또.
  이것은 당신의 연필이다.
  → 이 문장을 부정문으로 표현하면 다음과 같이 문장 ①, ②가 가능하다.
  ① Hindi mo ito lapis. 힌디 모 이또 라삐스.
  ② Hindi mo lapis ito. 힌디 모 라삐스 이또.
  이것은 당신의 연필이 아니다
  < lapis - 연필 >

- Kotse niya iyan. 꼬체 냐 이얀.
  저것은 당신의 차이다.
  → 이 문장을 부정문으로 표현하면 다음과 같이 문장 ①, ②가 가능하다.
  ① Hindi niya kotse iyan. 힌디 냐 꼬체 이얀.
  ② Hindi niya iyan kotse. 힌디 냐 이얀 꼬체.
  저것은 당신의 차가 아니다
  < kotse - 차 >

나. 인칭대명사가 주어인 술어적 문장의 부정문

- Masaya ako. 마싸야 아꼬.
  나는 행복하다
  → Hindi ako masaya. 힌디 아꼬 마싸야. (부정문)
  나는 행복하지 않다.
  < masaya - 행복한 >

- Pinoy kami. 피노이 까미.
  우리는 피노이 입니다.
  → Hindi kami Pinoy. 힌디 까미 피노이. (부정문)
  우리는 피노이가 아닙니다. (상대방은 포함하지 않음)
  <Pinoy - 필리핀 인>

- Mabait siyang babae. 마바잇 샹 바바에.
  그녀는 친절한 여자입니다.
  → Hindi siya mabait na babae. 마간다 샤 마바잇 나 바바에. (부정문)
  그녀는 친절한 여자가 아닙니다.
  < mabait - 친절한. babae - 여자 >

(참고) Kita의 부정문

- '너는 나는 학생이다'의 긍정문으로 표현하면 다음과 같이 ①번 문장으로 사용되지 않고 문장 ②로 사용된다.
  ① Estudyante ko ka. 에스뚜단떼 꼬 까.
  → ② Estudyante kita. 에스뚜단떼 끼따.
  이것을 부정문으로 고치면 ③과 같은 문장이 된다.
  ③ Hindi kita estudyante. 힌디 끼따 에스뚜단떼. (부정문)
  나는 당신의 학생이 아니다.
  < estudyante - 학생 >

- Nanay kita. 나나이 끼따.
  나는 당신의 어머니이다.

→ Hindi kita nanay. 힌디 끼따 나나이. (부정문)
나는 당신의 어머니가 아니다.
< nanay - 어머니 >

- Kapatid kita. 까빠띠드 끼따.
  나는 당신의 형제이다.
  → Hindi kita kapatid. 힌디 끼따 까빠띠드. (부정문)
  나는 당신의 형제가 아니다.
  < kapatid - 형제, 자매 >

5-2 의문문

5-2-1 긍정문의 의문문

의문사가 없는 주어적 문장과 술어적 문장의 의문문은 주어와 문장형태에 따라 다음과 같이 ba를 사용한다.

가. 주어적 문장인 경우

- Siya ay pumupunta sa paaralan. 샤 아이 뿌무뿐따 사 빠아랄란.
  그는 학교에 가고 있다.
  → Siya ba ay pumupunta sa paaralan? 샤 바 아이 뿌무뿐따 사 빠아랄란? (의문문)
  그(그녀)는 학교에 가고 있습니까?
  < punta - 가다. paaralan - 학교 >

- Si Tom ay marunong. 씨 톰 아이 마루농.
  톰은 현명하다.
  → Si Tom ba ay marunong? 시 톰 바 아이 마루농? (의문문)
  톰은 현명합니까?
  < marunong - 현명한 >

- Ang pagkain ay masarap. 앙 빡까인 바 아이 마사랍.

  그 음식은 맛이 있다

  → Ang pagkain ba ay masarap? 앙 빡까인 바 아이 마사랍? (의문문)

  그 음식은 맛이 있습니까 ?

  < pagkain - 음식. masarap - 맛있는 >

- Siya ay doctor. 샤 아이 독또르.

  그는 의사이다.

  → Siya ba ay doctor? 샤 바 아이 독또르? (의문문)

  그는 의사입니까?

  < doctor - 의사 >

- Ang kaibigan mo ay mabait. 앙 까이비간 모 아이 마바잇.

  당신의 친구는 친절하다.

  → Ang kaibigan mo ba ay mabait? 앙 까이비간 모 바 아이 마바잇? (의문문)

  당신의 친구는 친절합니까?

  < kaibigan - 친구. mabait - 친절한 >

나. 술어적 문장인 경우

- Pumupunta ang lalaki sa SM. 뿌무뿐따 앙 랄라끼 사 에스엠.

  그 남자는 에스엠에 가고 있습니다.

  → Pumupunta ba ang lalaki sa SM? 뿌무뿐따 바 앙 랄라끼 사 에스엠? (의문문)

  그 남자는 에스엠에 가고 있습니까?

- Matangad si Tom. 마땅가드 바 시 톰.

  톰은 키가 크다.

  → Matangad ba si Tom? 마땅가드 바 시 톰? (의문문)

  톰은 키가 큽니까?

- Masarap itong pagkain. 마사랍 이똥 빡까인.

  이 음식은 맛있다.

→ Masarap ba itong pagkain? 마사랍 바 이똥 빡까인? (의문문)
이 음식은 맛이 있습니까 ?
< masarap - 맛있는 >

- Magandang babae si Maria. 마간당 바바에 시 마리아.
  마리아는 아름다운 여자입니다.
  → Maganda bang babae si Maria? 마간다 방 바바에 시 마리아? (의문문)
  마리아는 아름다운 여자입니까?
  < maganda - 아름다운. babae - 여자 >

- Mabait si Judy. 마바잇 시 쥬디.
  쥬디는 친절하다.
  → Mabait ba si Judy? 마바잇 바 시 쥬디? (의문문)
  쥬디는 친절하느냐?
  < mabait - 친절한 >

- Kasama sila ni Mario. 까사마 실라 니 마리오.
  그들은 마리오의 동료이다.
  → Kasama ba sila ni Mario? 까사마 바 실라 니 마리오? (의문문)
  그들은 마리오의 동료입니까?
  < kasama - 동료 >

- Mataba kang lalaki. 마따바 깡 랄라끼.
  당신은 뚱뚱한 남자입니다.
  → Mataba ka bang lalaki? 마따바 까 방 랄라끼? (의문문)
  당신은 뚱뚱한 남자입니까?
  < mataba - 뚱뚱한 >

- Mabait si Tom. 마바잇 시 톰.
  톰은 친절합니다.
  → Mabait ba si Tom? 마바잇 바 랄라끼 시 톰? (의문문)
  톰은 친절합니까?
  < mabait - 친절한 >

- Mabait siya. 마바잇 샤.
  그는 친절하다.
  → Mabait ba siya? 마바잇 바 샤? (의문문)
  그는 친절하느냐?

- Gutom ka. 구똠 까.
  당신은 배고프다.
  → Gutom ka ba? 구똠 까 바? (의문문)
  당신은 배고프냐?
  < gutom - 배고픈 >

5-2-2 부정문의 의문문

부정문의 의문문은 Hindi ba를 사용한다.

- Pinoy kayo. 삐노이 까요.
  당신들은 필리핀 사람입니다.
  → Hindi ba kayo Pinoy? 힌디 바 까요 삐노이? (부정 의문문)
  당신들은 필리핀 사람이 아니냐?
  → Oo, hindi kami Pinoy. 오-오, 힌디 까미 피노이. (부정의문문에 대한 긍정인 대답)
  예, 우리들은 필리핀 사람이 아닙니다.
  → Hindi, Pinoy kami. 힌디 삐노이 까미. (부정의문에 대한 부정인 대답)
  아니오, 우리는 필리핀 사람입니다.
  < Pinoy - 필리핀 사람 >

- Kaibigan siya ni Smith. 까이비간 샤 니 스미스.
  그(그녀)는 스미스씨의 친구이다.
  → Hindi ba siya kaibigan ni Smith? 힌디 바 샤 까이비간 니 스미스? (부정의문문)
  그(그녀)는 스미스씨의 친구가 아니냐?
  → Oo, hindi siya kaibigan ni Smith. 오-오, 힌디 샤 까이비간 니 스미스. (부정의문문에 대한 긍정인 대답)
  예, 그(그녀)는 스미스씨의 친구가 아닙니다.

→ Hindi, kaibigan siya ni Smith. 힌디, 까이비간 샤 니 스미스. (부정의문문에 대한 부정인 대답)

아니오, 그는 스미스의 친구입니다.

< kaibigan - 친구 >

- Mabait siya. 마바잇 샤.

  그는 친절하다.

  → Hindi ba siya mabait? 힌디 바 샤 마바잇? (부정의문문)

  그는 친절하지 않느냐?

  → Oo, hindi siya mabait. 오오, 힌디 샤 마바잇. (부정의문문에 대한 긍정인 대답)

  예, 그는 친절하지 않습니다.

- Aalis si Mario. 아알리스 씨 마리오.

  마리오는 떠날 겁니다.

  → Hindi ba si Mario aalis? 힌디 바 씨 마리오 아알리스?

  마리오는 떠나지 않습니까?

  → Oo, hindi si Mario aalis. 오오, 힌디 씨 마리오 아알리스.

  예, 마리오는 떠나지 않을 겁니다.

  < alis - 떠나다 >

- Bumili siya ng aklat. 부밀리 샤 낭 아끌랏.

  그는 책을 샀습니다.

  → Hindi ba siya bumili ng aklat? 힌디 바 샤 부밀리 낭 아끌랏?

  그는 책을 사지 않았습니까?

  → Oo, hindi siya bumili ng aklat. 오오, 힌디 샤 부밀리 낭 아끌랏.

  예, 그는 책을 사지 않았습니다.

  < bili - 사다. aklat - 책 >

동료와 친구들이 대화하는 모습

- Nasa bahay siya bukas. 나사 바하이 샤 부까스.

  그(녀)는 내일 집에 있을 것입니다.

< bahay - 집. bukas - 내일 >
→ Nasa bahay ba siya bukas? 나사 바하이 샤 부까스? (의문문)
그(녀)는 내일 집에 있을 것입니까?
→ Wala ba siya sa bahay bukas? 왈라 바 샤 사 바하이 부까스? (부정의문문)
그(녀)는 내일 집에 없을 것입니까?
< wala - 없다 >

- Nasa labas ba ang doktor? 나살라바스 바 앙 독또? (의문문)
  그 의사가 밖에 있습니까?
  → Oo, nasa labas ang doktor. 오오, 나살라바스 앙 독또. (긍정대답)
  예, 그 의사가 밖에 있습니다.

- Wala ba si Mario sa banko? 왈라 바 시 마리오 사 방꼬? (부정의문문)
  마리오는 은행에 없습니까?
  → Oo, wala si Mario sa banko. 오오, 왈라 시 마리오 사 방꼬.
  예, 마리오가 은행에 없습니다.
  < banko - 은행 >

- Saan ka ba nakita ni Maria? 나끼따 까 바 니 마리아?
  당신은 마리아를 어디서 보았느냐?
  < makita - 보다 >
  → Oo, nakita ako sa sala ni Maria. 오오, 나끼따 아꼬 사 살라 니 마리아.
  예, 나는 거실에서 마리아를 보았습니다.
  < sala - 거실 >

- Meron ba sa iyong bahay? 메론 방 사 이용 바하이?
  당신 집에 누군가 있습니까?
  → Nasa bahay ko si Mario. 나사 바하이 꼬 시 마리오.
  마리오가 나의 집에 있습니다.

- Hindi ba siya pumunta sa paaralan? 힌디 비 샤 뿌문따 사 빠아랄란?
  그는 학교에 가지 않았습니까?
  → Oo, hindi siya pumunta sa paaralan. 오오, 힌디 샤 뿌문따 사 빠아랄란.
  예, 그는 학교에 가지 않았습니다.
  < paaralan - 학교 >

- Maganda ba si Judy? 마간다 바 시 쥬디?
  쥬디는 아름답습니까?
  → Hindi maganda si Judy. 힌디 마간다 시 쥬디.
  쥬디는 아름답지 않습니다.
  → Oo, maganda si Judy. 오오, 마간다 시 쥬디.
  예, 쥬디는 아름답습니다.
  < maganda - 아름다운 >

key point

1. 따갈로그에서 부정문과 의문의 문장배열이 문장형태, 주어가 어떤 형태냐 따라서 여러 가지 규칙이 있으나 기본적으로 부정문은 hindi, 의문사가 없는 의문문에는 ba를 사용한다.
2. Ikaw ay mabait(평서문) ⇒ Ikaw ay hindi mabait(부정문) ⇒ Ikaw ba ay mabait?(의문문)
3. Mayaman ang lalaki.(평서문) ⇒ Hindi mayaman ang lalaki.(부정문) ⇒ Mayaman ba ang lalaki?(의문문)

【 dragon fruit 】

【 manggo 】

6장 의문대명사

이 장은 Sino, Ano, Alin, Ilan, Kailan, Paano, Bakit, Saan, Nasaan 및 Magkano등의 각종 의문대명사에 대해 언급한다.

6-1 Sino

Sino는 '누구'의 뜻으로 영어의 who의 뜻과 같다.

- Sino po kayo? 시노 뽀 까요?
  당신은 누구십니까?
  < po - 존칭을 나타낸다 >
  → Sino? 시노? (위 문장을 간단히 표현)
  누구?
  → Sino kayo? 시노 까요?
  당신들은 누구입니까?
  → Sino ba kayo? 시노 바 까요?
  당신들은 누구 입니까?
  (ba를 사용할 수도 있음)

- Sino si Park? 시노 시 박?
  누가 박입니까?
  → Si Park ang kaibigan. 시 박 앙 까이비간. (대답)
  그 친구가 박입니다.

- Sino ang nasa bahay kahapon? 시노 앙 나사 바하이 까하뽄?
  어제 그 집에 있었던 사람은 누구냐?
  < bahay - 집. kahapon - 어제 >
  → Si Mario ang nasa bahay kahapon. 시 마리오 앙 나사 바하이 까하뽄. (대답)
  마리오가 어제 그 집에 있었다.

- Sino ang punta dito? 시노 앙 뿐따 디또?
  여기에 온 사람은 누구냐?
  < punta - 오다, 가다. dito - 여기 >

6-2 Ano

Ano는 '무엇'의 뜻으로 영어의 what과 같다.

- Ano siya? 아노 샤?
  그(그녀)는 무엇 하는 사람입니까?
  ('ano' 다음에 주격으로 언급할 때는 직업을 물어볼 때 사용한다)
  → Guro siya. 구로 샤. (대답)
  그(녀)는 선생입니다.
  < guro - 선생 >

- Ano ang luma? 아노 앙 루마?
  무엇이 오래되었느냐?
  < luma - 오래된 >
  → Ang sapatos ang luma. 앙 사빠또스 앙 루마. (대답)
  그 신발이 오래되었다.
  ('ano'로 질문했으므로 사물이 주어가 된다. sapatos - 신발)

- Ano ka ang kumain kahapong umaga? 아노 까 앙 꾸마인 까하뽕 우마가?
  당신은 어제 오전에 무엇을 먹었느냐?
  → Kumain ako ng Sinigang kahapong umaga. 꾸마인 아꼬 낭 시니강 까하뽕 우마가.

나는 어제오전에 시니강을 먹었습니다.
< kain - 먹다. kahapon - 어제. umaga - 아침 >

- Anong pangalan mo? 아농 빵알란 모?
  → Ano ang pangalan mo? 아노 앙 빵알란 모? (동일한 표현)
  → Ano ang iyong pangalan? 아노 앙 이용 빵알란? (동일한 표현)
  → Anong iyong pangalan? 아농 이용 빵알란? (동일한 표현)
  당신의 이름은 무엇이냐?
  < pangalan - 이름 >
  → Ako si Mario. 아꼬 시 마리오. (대답)
  → Si Mario ako. 시 마리오 아꼬. (술어적 문장)
  나는 마리오이다.

- Anong trabaho mo? 아농 뜨라바호 모?
  → Ano ang trabaho mo? 아노 앙 뜨라바호 모? (동일한 표현)
  당신의 직업은 무엇이냐?
  → Ako ay dentista. 아꼬 아이 덴띠스따. (대답)
  → Dentista ako. 덴띠스따 아꼬. (동일한 표현, 술어적 문장)
  나는 치과의사입니다.
  → Ako ay guro. 아꼬 아이 구로. (대답)
  → Guro ako. 구로 아꼬. (동일한 표현, 술어적 문장)
  나는 선생입니다.
  < trabaho - 직업, 일. dentista - 치과의사. guro - 선생 >

- Anong ginagawa mo bukas? 아농 기나가와 모 부까스?
  당신은 내일 무엇 할 겁니까?
  → Magaaral ako ng Tagalog bukas. 막아아알 아꼬 낭 따갈로그 부까스.
  나는 내일 따갈로그 공부할 겁니다.
  < aral - 공부하다 >

- Ano ang sinasabi mo? 아노 앙 시나사비 모?
  당신은 무엇을 말하고 있습니까?
  < sabi - 말하다 >

→ Nagsasabi ako tungkol sa Philippine. 낙사사비 아꼬 뚱꼴사 필리핀.
나는 필리핀에 관해서 말하고 있습니다.
< sabi - 말하다. tungkol sa - 에 관하여 >

- Anong gusto mong kumain? 아농 구스또 몽 꾸마인?
  → Ano ang gusto mong kumain? 아노 앙 구스또 몽 꾸마인? (동일한 표현)
  당신은 무엇을 먹고 싶느냐?
  → Gusto kong kumain ng Halo-Halo. 구스또 꽁 꾸마인 낭 할로할로. (대답)
  나는 할로할로를 먹고 싶습니다.
  < gusto - 좋아하다. kain - 먹다 >

- Anong gusto mong uminom? 아농 구스또 몽 우미놈?
  → Ano ang gusto mong uminom? 아노 앙 구스또 몽 우미놈? (동일한 표현)
  당신은 무엇을 마시고 싶으냐?
  → Gusto kong uminom ng gatas. 구스또 꽁 우미놈 낭 가따스. (대답)
  나는 우유를 마시고 싶습니다.
  < inom - 마시다. gatas - 우유 >

- Anong gusto mong magaral? 아농 구스또 몽 막아랄?
  당신은 무엇을 공부하고 싶느냐?
  → Gusto kong magaral ang philippine history. 구스또 꽁 막아랄 앙 필리핀 히스토리.
  나는 필리핀의 역사를 공부하고 싶습니다.
  < aral - 공부하다 >

- Anong gusto mong makinig? 아농 구스또 몽 마끼닉?
  당신은 무엇을 듣고 싶느냐?
  → Gusto kong makinig ang pop-song. 구스또 꽁 마끼닉 앙 팝송.
  나는 팝송을 듣고 싶습니다.
  < makinig - 듣다 >

- Ano sa Tagalog ang ‘paper’? 아노 사 따갈로그 앙 페이퍼?
  페이퍼를 따갈로그로 무엇이냐?
  → Pape. 빠뻬.(질문에 대한 대답)

- Ano sa Tagalog ang 'pencil'? 아노 사 따갈로그 앙 펜슬?
  'pencil'을 따갈로그로 무엇이라 하느냐?
  → lapis. 라삐스.(질문에 대한 대답)

- Ano ang pangalan ng nanay mo? 아노 앙 빵알란 낭 나나이 모?
  당신 어머니의 이름은 무엇이냐?
  → Ang pangalan ng nanay ko si Maria. 앙 빵알란 낭 나나이 꼬 시 마리아.
  나의 어머니의 이름은 마리아이다.

- Kaano-ano mo si Jelly? 까아노 아노 모 시 젤리?
  당신은 젤리와 어떤 관계이냐?
  → Tiya ko siya. 띠야 꼬 샤.
  그녀는 내 아주머니이다.
  → Tiya ko po siya. 띠야 꼬 뽀 샤. (경어)
  그녀는 내 아주머니이십니다.
  < tiya - 아주머니 >
  → Pinsan ko siya. 삔산 꼬 샤.
  그는 내 사촌이다.
  < pinsan - 사촌 >
  → Magkapatid ang mga lola namin. 막까빠띠드 앙 망아 롤라 나민
  우리들의 할머니는 형제간이다.
  < lola - 할머니 >

6-3 Alin

Alin은 영어의 which로서 '어느 것'이다.

- Alin ang gusto? 알린 앙 구스또?
  어느 것을 좋아합니까?
  < gusto - 좋아하다, 원하다 >
  → Ang pagkanta ang gusto sa kanilang bahay. 앙 빡깐따 앙 구스또 사 까닐랑 바하이. (대답)

좋아하는 것은 그들의 집에서 노래 부르는 것입니다.
< kanta - 노래 부르다 >

- Alin ang kanyang ibig? 알린 앙 깐양 이빅?
  그(녀)가 좋아하는 것은 어느 것이냐?
  < ibig - 좋아하다 >
  → Ito ang kanyang ibig. 이또 앙 깐양 이빅. (대답)
  그(녀)가 좋아하는 것은 이것입니다.

- Alin ang gusto mo pulang kotse o puting kotse? 알린 앙 구스또 모 뿔랑 꼬체 오 뿌띠 꼬체?
  당신은 빨간차와 흰차중에서 어느것을 좋아하느냐?
  < puti - 흰. pula - 빨간 >
  → Pulang kotse ang gusto ko. 뿔랑 꼬체 앙 구스또 꼬. (질문에 대한 대답)
  내가 좋아하는 것은 빨간 차이다.

- Alin ang lapis mo? 알린 앙 라삐스 모?
  당신의 연필은 어느 것이냐?

6-4 Ilan

Ilan은 '몇~'의 뜻으로 영어의 'how many~'이다.

- Ilan ang kapatid mo? 일란 앙 까빠띠드 모?
  당신의 형제는 몇 명이냐?
  < kapatid - 형제, 자매 >
  → Meron akong apat na kapatid. 메론 아꽁 아빳 나 까빠띠드. (대답)
  나는 4명의 자식이 있습니다.
  < meron - 있다. apat - 4 >

- Ilan ang kanilang anak? 일란 앙 까닐랑 아낙?
  그들의 자식은 몇 명이냐?
  → Meron silang tatlong anak. 메론 실랑 따뜰롱 아낙. (대답)

그들은 3명의 자식이 있습니다.
< tatlo - 3 >

- Ilan ang mansanas mo? 일란 앙 만사나스 모?
  당신의 사과는 몇 개냐?
  < mansanas - 사과 >
  → Apat ang mansanas ko. 아빳 앙 만사나스 꼬.
  내 사과는 4개이다.

- Ilan ka bumili ng aklat sa book store? 일란 까 부밀리 낭 아끌랏 사 북 스토어?
  당신은 책방에서 몇권의 책을 샀느냐?
  < bili - 사다. aklat - 책 >

6-5 Kailan

Kailan은 '언제'의 뜻으로 영어의 when과 같다.

- Kailan kayo pupunta sa Pilipinas? 케란 까요 뿌뿐따 사 삘리삐나스?
  .당신들은 언제 필리핀에 갈 겁니까?
  < punta - 가다 >
  → Pupunta kami sa Pilipinas bukas ng umaga. 뿌뿐따 까미 사 삘리삐나스 부까스 낭 우마가. (대답)
  우리들은 내일아침 필리핀에 갈 겁니다.
  < umaga - 아침. bukas - 내일 >

- Kailan ka nagaral ng Tagalog? 께란 까 낙아랄 낭 따갈로그?
  당신은 언제 따갈로그를 공부했습니까?
  < aral - 공부하다 >
  → Nagaral ako ng Tagalog noong nasa Pilipinas. 낙아랄 아꼬 낭 따갈로그 노옹 나사 삘리삐나스. (대답)
  나는 필리핀에 있을 때 따갈로그를 공부했읍니다.
  < noong - '~때' >

- Kailan siya kumain ng almusal? 께란 샤 꾸마인 낭 알무살?
  당신은 언제 아침을 먹었습니까?
  < kain - 먹다. almusal - 아침 >
  → Kumain siya ng almusal sa ikasampu ng umaga. 꾸마인 샤 사 이까삼뿌 낭 우마가 (대답)
  그는 아침 10시에 아침을 먹었습니다.
  < ikasampu - 열번째. umaga - 아침 >

- Kailan siya pupunta dito? 께란 샤 뿌뿐따 디또?
  그녀는 여기 언제 올 것입니까?
  → Pupunta siya dito sa ikatlo ng hapon. 뿌뿐따 샤 디또 사 이까뜰로 하뽄.
  그녀는 오후 3시에 여기 올 것입니다.
  < dito - 여기 >

6-6 Paano

Paano는 '어떻게'의 뜻으로 영어의 How와 같다.

- Paano ka kakain ng mansanas? 빠아-노 까 까까인 낭 만사나스?
  당신은 사과를 어떻게 먹을 것입니까?
  < kain - 먹다. mansanas - 사과 >

- Paano siya pupunta sa Marikina? 빠아-노 샤 뿌뿐따 사 마리끼나?
  그(녀)는 어떻게 마리끼나에 갈 것입니까?
  → Pupunta siya sa Marikina sa kotse. 뿌뿐따 샤 사 마리끼나 사 꼬체.(대답)
  그(녀)는 차로 마리끼나에 갈 겁니다.

- Paano kayo nagaral ng Tagalog? 빠아노 까요 낙아랄 낭 따갈로그?
  당신은 어떻게 따갈로그를 공부하였습니까?
  < aral - 공부하다 >
  → Nagaral kami ng Tagalog kasama aklat. 막아랄 까미 낭 따갈로그 까사마 아끌랏. (대답)

우리는 책으로 따갈로그를 공부했다.
< kasama - 함께. aklat - 책 >

- Paano ka bibili ng aklat? 빠아노 까 비빌리 낭 아끌랏?
  당신은 어떻게 책을 살 겁니까?
  < bili - 사다 >

6-7 Bakit

Bakit은 '왜'의 뜻으로 영어의 Why와 같다.

- Bakit ka nagalit? 바낏 까 나갈릿?
  당신은 왜 화가 났습니까?
  < galit - 화를 내다 >
  → Nagalit ako dahil pumunta siya sa Marikina. 나갈릿 아꼬 다힐 뿌문따 샤 사 마리끼나. (대답)
  나는 그(녀)가 마리끼나에 갔기 때문에 화가 났다.
  < dahil - '~ 때문에'. punta - 가다 >

- Bakit siya nagaaral ng Tagalog? 바낏 샤 낙아아랄 낭 따갈로그?
  왜 그(그녀)는 따갈로그를 공부하고 있습니까?
  < aral - 공부하다 >
  → Gusto siyang pumunta sa Pilipinas. 구스또 샹 뿌문따 사 삘리삐나스. (대답)
  그(녀)는 필리핀에 가고 싶기 때문입니다.
  < gusto - 좋아하다, 원하다 >

- Bakit ka pupunta sa S. M? 바낏 까 뿌뿐따 사 에스 엠?
  왜 당신은 에스 엠에 갈려고 합니까?
  < punta - 가다, 오다 >
  → Dahil meron akong bumili sa S.M. 다힐 메론 아꽁 부밀리 사 에스엠. (대답)
  나는 에스엠에서 살것이 있기 때문입니다.
  < meron - 있다, bili - 사다 >

- Bakit ka iinom ng tubig? 바낏 까 이이놈 낭 뚜빅?

  당신은 왜 물를 마시려고 합니까?

  < inom - 마시다. tubig - 물 >

  → Dahil mainit ito. 다힐 마이닛 이또. (대답)

  덥기 때문입니다.

  < mainit - 더운 >

- Bakit siya umiiyak? 바낏 샤 우미약?

  왜 그녀는 울고 있습니까?

  < iyak - 울다 >

  → Dahil umalis ang kaibigna niya. 다힐 우말리스 앙 까이비간 냐?

  그녀의 친구가 떠났기 때문에요.

  < alis - 떠나다 >

6-8 Saan과 Nasaan

Saan과 Nasaan은 영어의 where로서 '어디에'라는 뜻이다.

가. Saan은 동작을 나타내며 동사를 포함한다.

- Saan ka pupunta ngayon? 사-안 까 뿌뿐따 나욘?

  당신은 오늘 어디로 갈 예정이냐?

  → Pupunta ako sa S. M. ngayon. 뿌뿐따 아꼬 사 에스 엠 나욘. (대답)

  나는 오늘 에스엠에 갈려고 합니다.

  < ngayon - 오늘 >

- Saan sila nagpapasko? 사-안 실라 낙빠빠스꼬.

  그들은 어디서 크리스마스를 보내고 있습니까?

  → Nagpapasko sila sa Cebu. 낙빠빠스꼬 실라 사 세부. (대답)

  그들은 세부에서 크리스마스를 보내고 있습니다.

  < magpasko - '크리스마스를 보내고 있다'의 의미임 >

◆ Saan kayo kakain para sa inyong hapunan? 사안 까요 까까인 빠라 사 인용 하뿌난?
당신들은 저녁을 어디서 먹을려고 합니까?
→ Kakain kami ng hapunan sa korean restrauant. 까까인 까미 낭 하뿌난 사 코리안 레스토랑. (대답)
우리는 한국레스토랑에서 저녁을 먹을 겁니다.

◆ Saan siya nakatira? 사안 샤 나까띠라?
그녀는 어디에 살고 있습니까?
→ Nakatira siya sa Manilar. 나까띠리 샤 사 마닐라.
그녀는 마닐라에 살고 있습니다.
< nakatira - 살다 >

◆ Saan ang gusto mong pupunta? 사안 앙 구스또 몽 뿌뿐따?
너는 어디로 가기를 원하느냐?
→ Gusto kong pupunta sa bahay. 구스또 꽁 뿌뿐따 사 바하이.
나는 집에 가기를 원한다.

나. Nasaan은 사람이나 물건의 위치를 나타낸다.

◆ Nasaan ka na? 나사-안 까 나?
당신은 지금 어디에 있느냐?
→ Sa school na ako. 나사 스쿨 나 아꼬. (대답)
나는 지금 학교에 있습니다.
< na - 지금 >

◆ Nasaan ang aklat ng Tagalog? 나사-안 앙 아끌랏 낭 따갈로그?
따갈로그 책은 어디에 있느냐?
< aklat - 책 >
→ Sa bahay ko iyan. 나사 바하이 꼬 얀.
그것은 나의 집에 있습니다.

◆ Nasaan ang Manila? 나사안 앙 마닐라?
마닐라는 어디 있느냐?

→ Sa Luson ang Manila. 나사 루손 앙 마닐라. (대답)
마닐라는 루손에 있습니다.

- Nasaan ang Korea? 나사안 앙 코리아?
  한국은 어디있느냐?
  → Sa east-asia ang Korea. 나사 이스터아시아 앙 코리아.
  한국은 동남아시아에 있습니다.

- Nasaan siya? 나사안 샤?
  그녀는 어디 있느냐?
  → Sa paaralan siya. 사 빠아랄란 샤.
  그녀는 학교에 있습니다.
  < paaralan - 학교 >

6-9 Magkano

Magkano는 '얼마'로서 영어의 How much이다.

- Magkano ito? 막까노 이또?
  이것을 얼마입니까?
  → Sampung libo peso iyan. 삼뿡 리보 페소 얀. (대답)
  저것은 10000페소입니다.
  < sampu't - 10. libo - 1000 >

- Magkano ang mansanas? 막까노 앙 만사나스?
  그 사과는 얼마입니까?
  < mansanas - 사과 >
  → Apat na put limang peso ang mansanas. (대답)
  아빳나뿟 리망 앙 만사나스.
  그 사과는 45페소이다.
  < apat na put -40. lima - 5 >

- Magkano ang isang balot? 막까노 앙 이상 발롯?
  발롯 1개에 얼마입니까?
  → Labing limang peso ang isang balot. 라빙 리망 앙 이상 발롯.
  발롯 1개에 15페소입니다.
  < labin - 10. isa - 1 >

의문대명사들의 요약

따갈로그	영어	뜻
Sino 시-노	who	누구
Ano 아-노	what	무엇
Alin 알린	which	어느것
Ilan 일란	how many	몇~
Kailan 케란	when	언제
Paano 빠아-노	how	어떻게
Bakit 바낏	why	왜
'Saan 사-안'과 'Nasaan 나사-안'	where	어디에
Magkano 막까노	how mach	얼마

Joy와 Maria가 전화통화하는 상황

- Maria : Sino iyan? 시노 얀?
  누구입니까?

- Joy : Si Joy ito. 시 비 이또.
  조이입니다.

- Maria : Joy? Sino si Joy? 조이? 시노 시 조이?
  조이? 조이가 누구지?

- Joy : Ako ay anak ni Mr. Brown. 아꼬 아이 아낙 니 미스터 브라운
  나는 브라운의 아들입니다.
  < anak -자식 >

- Maria : Sino ang nasa bahay? 시노 앙 나사 바하이?
  집에 있는 사람은 누구입니까?

- Joy : Si Mario ang nasa bahay. 시 마리오 앙 나사 바하이.
  마리오가 집에 있습니다.

- Maria : Nasaan ang bolpen? 나사안 앙 볼펜?
  볼펜은 어디 있느냐?
  < nasaan - 어디에 >

- Joy : Nasa ilalim ang bolpen ng silya? 나사 일라림 앙 볼펜 낭 실야?
  그 볼펜은 의자 아래에 있다.
  < nasa ilalim - 아래. silya - 의자 >

- Maria : Nasaan ang kapatid mo? 나사안 앙 까빠띠드 모?
  당신의 형제는 어디 있느냐?
  < kapatid - 형제, 자매 >

- Joy : Nasa komedor ang kapatid ko. 나사 꼬메도르 앙 까빠띠드 꼬.
  나의 형제는 식당에 있다.
  < komedor - 식당 >

- Maria : Nasaan si Smith? 나사안 시 스미스?
  스미스씨는 어디 있느냐?

- Joy : Nasa kusina si Smith. 나사 꾸시나 시 스미스.
  스미스는 부엌에 있습니다.
  < kusina - 부엌 >

key Point

<의문사의 사용 예>

1. Ano ito? 이것은 무엇입니까?
2. Sino kayo? 당신은 누구입니까?
3. Ilan ang kapatid? 당신의 형제는 몇입니까?
4. kailan ka pupunta? 당신은 언제 가려 합니까?
5. Alin ang gusto? 당신이 좋아하는 것은 어느 것입니까?
6. Bakit ka nagalit? 당신은 왜 화가 났습니까?
7. Saan ka pupunta? 당신은 어디 가고 있습니까?
8. Nasaan ka? 지금 어디 있습니까?
9. Magkano ito? 이것은 얼마입니까?

<의문사에는 sino(누구), ano(무엇), alin(어느 것), ilan(몇), kailan (언제), paano(어떻게), bakit(왜), saan(어디에), nasaan(어디에), magkano(얼마) 등이 있다.>

【 롱실록 】

【 크리스피 빠따 】

7장 형용사

이 장은 형용사으로서 Ma형용사, Ma없는 형용사등의 기본 형용사
그리고 원급, 비교급 및 최상급에 대해 설명한다.

7-1 기본 형용사

많이 쓰이는 형용사는 다음과 같다.

형용사			
형용사	뜻	형용사	뜻
Maganda 마간다	아름다운, 예쁜	Pangit 빵잇	못생긴
Malayo 말라요	먼	Malapit 말라삣	가까운
Matangad 마땅가드	키가 큰(사람)	Maliit 말리잇	작은
Mataas 마따아-스	큰, 높은(사물)	Mababa 마바바	작은, 낮은
Mataba 마따바	뚱뚱한	Payat 빠얏	날씬한
Bago 바고	새로운	Luma 루마	오래된(사물)
Matanda 마딴다	늙은	Bata 바따	어린
Mahaba 마하바	긴	Maiksi 마잌시	짧은
Mabuti 마부띠	좋은	Masipag 마시빡	부지런한
Masaya 마사야	행복한	Malungkod 말룽꼭	슬픈
Madali 마달리	쉬운	Mahirap 마히랍	어려운, 가난한
Mainit 마이닛	더운	Malamig 말라믹	추운
Marunong 마루농	현명한	Matalino 마딸리노	현명한
Mabait 마바잇	좋은, 친절한	Mayaman 마야만	부자
guwapo 구와뽀	잘생긴, 핸섬한	Malakas 말라까스	강한

7-1-1 Ma 형용사

대부분 형용사는 원형앞에 ma가 붙는 ma 형용사이다.

원형	원형의 의미	ma + 원형	→	형용사	의미
saya 사야	행복	ma + saya		masaya 마사야	행복한
ganda 간다	예쁨	ma + ganda		maganda 마간다	아름다운
tangad 땅가드	높음, 키 큰것	ma + tangad	→	matangad 마땅가드	키가 큰
taas 따아스	높은 것	ma + taas		mataas 마따아스	높은
baba 바바	낮은 것	ma + baba		mababa 마바바	낮은

- Mahirap ang magaral ng Tagalog. 마히랍 앙 막아랄 낭 따갈로그.
  따갈로그를 공부한다는 것은 어렵다.
  < aral - 공부하다 >

- Malinis ang magandang bahay. 마리니스 앙 마간당 바하이.
  그 아름다운 집은 깨끗하다.

- Maganda at mabait sila. 마간다 앗 마바잇 실라.
  그들은 아름답고 친절하다.

- Masaya siya. 마사야 샤.
  그는 행복하다.

- Si Tom ay matangad. 시 톰 아이 마땅가드.
  톰은 키가 크다.

- Masipag ang Koreano. 마시빡 앙 코리아노.
  한국사람은 부지런하다.

- Ang bundok ay matangad. 앙 분독 아이 마땅가드.
  그 산은 높다.
  < bundok - 산 >

- Ang bahay ko ay malapit. 앙 바하이 꼬 아이 말라삣.
  나의 집은 가깝다.

7-1-2 Ma가 붙지않는 형용사

- Pangit(빵잇) ; 못생김. 성격이나 인격이 좋지않거나 못생김.
- Pandak(빤닥) ; 작은 사람
- Payat(빠얏) ; 날씬한
- Bago(바고) ; 새로운
- Luma(루마) ; 오래된
- Bata(바따) ; 어린

◆ Si Tom ay pangit pero mabait. 시 톰 아이 빵잇 뻬로 마바잇.
　톰은 못생겼으나 친절하다.
　< pero - 그러나 >

◆ Ang baro ay bago. 앙 바로 아이 바고.
　그 옷은 새것이다.
　< baro - 옷 >

◆ Hindi bata ang lalaki. 힌디 바따 앙 랄라끼.
　그 남자는 어리지 않다.

◆ Hindi ba luma ang bahay mo? 힌디 바 루마 앙 바하이 모?
　당신의 집은 오래되지 않았느냐?
　→ Oo, hindi luma ang bahay ko. 오오, 힌디 루마 앙 바하이 꼬.
　예, 나의 집은 오래되지 않았습니다.

◆ Payat si Judy. 빠얏 시 쥬디.
　쥬디는 날씬하다.

(참고) 단어 앞에 ma가 포함되어 ma 형용사처럼 보이는 경우가 있다. 여기서 ma는 '많은, 풍부한'의 의미이다.

명사	명사의미	→	ma + 명사	의미
traffic 트래픽	교통체증		matraffic 마뜨레픽	교통체증이 심한
pera 뻬라	돈	→	mapera 마뻬라	돈이 많은
ulan 울란	비		maulan 마울란	비가 많이 오는
problema 쁘로브렘마	문제		maproblema 마쁘로브렘마	문제가 많은

(ulan는 '비'의 뜻으로 ma가 붙으면 maulan가 되어 '비가 많은'의 뜻이 된다 **)**

- Ang tagulan ay maulan. 앙 딱울란 아이 마울란.
  우기에는 비가 많다.
  < tagulan - 우기 >

- Merong matraffic sa Manila 메롱 마뜨래픽 사 마닐라.
  마닐라에는 교통체증이 심하다.

7-1-3 기타 참고사항

명사를 수식하는 형용사가 명사앞에 사용될 때, 모음으로 끝나는 형용사이면 형용사 끝(명사앞)에 ng을 첨가하고 자음이면 na를 첨가하여 사용한다. 또한 경우에 따라서 한 문장속에 두 개의 형용사를 사용할 수 있다.

1. 접속사가 오는 경우

- Sino ang guwapong lalaki? 시노 앙 구와뽕 랄라끼?
  누가 잘생긴 남자이냐?
  < guwapo - 핸섬한. lalaki - 남자 >

- Mayaman ang masayang lalaki. 마야만 앙 마사양 랄라끼.
  그 행복한 남자는 부자이다.
  < mayaman - 부자. masaya - 행복한 >

- Siya ba ay matangad na babae? 샤 바 아이 마땅가드 나 바바에?
  그녀는 키가 큰 여자입니까?
  < matangad - 키가 큰 >

- Iyan ay mataas na building. 얀 아이 마따아스 나 빌딩.
  저것은 높은 빌딩이다.
  < mataas - 높은 >

2. 형용사를 두 개 사용하는 경우

- Maganda ang mabait na babae. 마간다 앙 마바잇 나 바바에.
  그 친절한 여자는 아름답습니다.
  <maganda - 아름다운. mabait - 친절한 >

- Payat ang masayang babae. 빠얏 앙 마사양 바바에.
  그 행복한 여자는 날씬합니다.
  < payat - 날씬한, 여윈. masaya - 행복한 >

- Masaya ang matandang lalaki. 마사야 앙 마딴당 랄라끼.
  그 나이많은 남자는 행복합니다.
  < matanda - 나이 든 >

- Mahal ang mataas na bahay. 마할 앙 마따아스 나 바하이.
  그 큰 집은 비싸다.
  < mahal - 비싼, mataas - 높은, 큰 >

7-2 원급(~만큼 ~하다)

7-2-1 Kasing을 사용한다.

- Si Park ay mabait at si Kim ay mabait. 시 박 아이 마바잇 앗 시 김 아이 마바잇.
  박은 친절하다. 그리고 김도 친절하다.
  이것을 원급으로 표현하면

→ Kasing bait ni Park si Kim. 까싱 바잇 니 박 시 김. (원급)
박은 김만큼 친절하다.
< bait - 친절한 >

- Payat ako at payat ka. 빠얏 아꼬 앗 빠얏 까.
  나는 날씬하다. 그리고 너도 날씬하다.
  이것을 원급으로 '나는 너만큼 날씬하다'로 표현할 때는 다음 ①문장으로 표현되지 않고 문장 ②로 kita로 사용하여 표현한다.
  ① Kasing payat ko ka 까싱 빠얏 꼬 까.
  ② Kasing payat kita. 까싱 빠얏 끼따. (원급)
  < payat -날씬한 >

- Kasing mura ng sapatos ko ang sapatos mo. 까싱 무라 낭 사빠또스 꼬 앙 사빠또스 모.
  나의 신발은 너의 신발만큼 싸다.
  < sapatos - 신발. mura - 싼 >

- Si Smith ay kasingbait ni John. 시 스미스 아이 까싱바잇 니 쟌.
  스미스씨는 죤만큼 친절하다.
  < bait - 친절함 >
  → Kasingbait ni John si Smith. 까싱바이트 니 존 시 스미스. (원급)

- Ang pagkain ay kasingsarap ni Sinigang. 앙 빡까인 아이 까싱사랍 니 시니강.
  그 음식은 시니강 만큼 맛이 있습니다.
  < pagkain - 음식. sarap - 맛. Sinigang - 필리핀음식 >
  → Kasingsarap ni Sinigang ang pagkain. 까싱사랍 니 시니강 앙 빡까인. (술어적 문장)

- Kasing ganda kita. 까싱간다 끼따.
  나는 너만큼 아름답다.

- Ang lalaki ay kasing guwapo ni Kelly. 앙 랄라끼 아이 까싱 구와뽀 니 켈리.
  그 남자는 켈리만큼 잘생겼다.
  < lalaki - 남자. guwapo - 잘생긴 >
  → Kasing guwapo ni Kelly ang lalaki. 까싱 구와뽀 니 켈리 앙 랄랄끼. (술어적 문장)

- Ang babae ay kasing ganda ni Mary. 앙 바바에 아이 까싱 간다 니 켈리.
  그 여자는 켈리만큼 잘생겼다.
  < maganda - 아름다운 >
  → Kasing ganda ni Mary ang babae. 까싱 간다 니 메리 앙 바바에. (술어적 문장)

- Si Tom ay kasing marunong ni Kelly. 시 톰 아이 까싱 마루농 니 켈리.
  톰은 켈리만큼 현명하다.
  < marunong - 현명한 >

7-2-2 Magkasing 사용시

- Ang Kimchi at Sinigang ay magkasing sarap. 앙 김치 앗 시니강 아이 막까싱 사랍
  김치와 시니강은 똑같이 맛있다.
  → Magkasing sarap ang Kimchi at Sinigang. 막까싱 사랍 앙 김치 앗 시니강. (술어적 문장)
  < at - 그리고. sarap - 맛 >

- Magkasing bait sina Park at Kim. 막까싱 바잇 시나 박 앗 김.
  박과 김은 똑같이 친절하다.
  < bait - 친절. sina - 인칭대명사의 복수관사 >

- Magkasing kami ganda. 막까싱 까미 간다.
  우리들은 똑같이 아름답습니다.
  < ganda - 아름다움 >

- Magkasing tayo payat. 막까싱 따요 빠얏.
  우리는 똑깥이 날씬합니다.
  < payat - 날씬한 >

- Magkasing layo ang mga bahay. 막까싱 라요 앙 망아 바하이.
  그 집들은 똑같이 멀다.
  < layo - 먼 >

7-3 비교급(~보다 ~하다)

형용사 앞에 mas와 비교되어지는 두 대상물사이에 kaysa 단어를 사용하고, kaysa 다음에 전치사 sa는 비교될 대상물이 따라오며 만약 사람이 비교될 때는 sa대신에 kay를 사용한다.

- Si Mario ay mas matangkad kaysa kay John. 시 마리오 아이 마스 마땅까드 케사 까이 죤.
  → Mas matangkad si Mario kay John. 마스 마땅까드 시 마리오 까이 죤. (동일한 표현)
  마리오는 죤보다 더 키가 크다.

- Si Park ay mas matangkad kaysa sa iyo. 시 박 아이 마스 마땅까드 케사 사 이요.
  → Mas matangkad si Park sa iyo. 마스 마땅까드 시 박 사 이요. (동일한 표현)
  박씨는 너보다 키가 더 크다.

- Ang lalaki ay mas mabait kaysa kay Smith. 앙 랄라끼 아이 마스 마바잇 케샤 까이 스미스.
  그 남자는 스미스씨보다 친절하다.
  → Mas mabait lalaki kaysa sa Smith. 마스 마바잇 앙 랄라끼 케사 사 스미스. (술어적 문장)
  < lalaki - 남자. mabait - 친절한 >

- Si Maria ay mas maganda kaysa kay Mary. 시 마리아 아이 마스 마가다 케샤 까이 메리.
  마리아는 메리보다 더 아름답다.
  → Mas maganda si Maria kaysa kay Mary. 마스 마간다 시 마리아 케사 까이 메리. (술어적 문장)

- Mas maganda si Maria kaysa sa iyo. 마스 마간다 시 마리아 케사 사 이요
  마리아는 너보다 더 아름답다.

- Mas masarap ang Halo-Halo kaysa sa ice-cream. 마스 마사랍 앙 할로할로 케사 사 아이스 크림.
  할로할로가 아이스크림보다 더 맛있습니다.
  < masarap - 맛있는 >

- Mas mabait ang iyong nanay kaysa sa nanay niya. 마스 마바잇 앙 이용 나나이 케사 사 나나이 냐.
  너의 어머니는 그의 어머니보다 더 친절합니다.
  < mabait - 친절한. nanay - 어머니 >

- Mas bata si John kaysa sa akin. 마스 시 쟌 샤 케 사 아낀
  쟌은 내 보다 더 어리다.

- Mas bata si Mario kaysa sa akin pero mas matangkad. 마스 바따 시 마리오 사 아낀 뻬로 마스 마땅까드
  마리오는 내 보다 더 어리나 더 키가 크다.
  < pero - 그러나 >

- Si Tom ay mas matangad kaysa kay Mario. 시 톰 아이 마스 마땅가드 케샤 까이 마리오
  톰은 마리오보다 키가 더 크다.
  < matangad - 키가 큰 >
  → Mas matangad si Tom kaysa kay Mario. 마스 마땅가드 시 톰 케사 까이 마리오. (술어적 문장)

- Mas mura ang aking kotse kaysa sa kotse mo. 마스 무라 앙 아낑 꼬체 케사 사 꼬체 모.
  내 차는 너의 차보다 더 싸다.
  < mura - 싼. kotse - 차. akin - 나의 >

- Mas mayaman ang kapatid ko kaysa sa kapatid niya. 마스 마야만 앙 까빠띠드 꼬 케사 사 까빠띠드 냐.
  나의 형제는 그의 형제보다 더 부자이다.
  < mayaman - 부자. kapatid - 형제. 자매 >

7-4 최상급(최고로 ~하다)

최상급을 표현하기 위해서 형용사 앞에 pinaka를 붙인다.

◆ Pinakamasipag ang ate ko sa pamilya. 삐나까마시빡 앙 아떼 꼬 사 빠밀야.
→ Pinakamasipag sa pamilya ang ate ko. 삐나까마시빡 사 빠밀야 앙 아떼 꼬. (동일한 표현)
→ Ang ate ko ay pinakamasipag sa pamilya. 앙 아떼 꼬 아이 삐나까마시빡 사 빠밀야. (주어적 문장)
나의 아주머니는 집안에서 제일 열심히 일을 한다.

◆ Pinakabata ako sa pamilya ko. 삐나까바따 아꼬 사 빠밀야 꼬.
나는 나의 집안에서 제일 어리다.
< pamilya - 가족 >

◆ Pinakamabait siya dito. 삐나까마바잇 샤 디또.
그(그녀)는 여기서 제일 친절하다.
< mabait - 친절한. dito - 여기 >

◆ Si Kelly ay pinakamaganda dito. 시 켈리 아이 빠나까 마간다 디또.
켈리는 여기서 제일 아름답다.
→ Pinakamaganda si Kelly dito. 삐나까마간다 시 켈리 디또. (술어적 문장)

◆ Pinakamabilis ako sa klase namin. 삐나까마빌리스 아꼬 사 끌라제 나민.
나는 우리 반에서 제일 빠르다.
< mabilis - 빠른. klase - 반. namin - 우리의 >

◆ Pinakamarunong siya sa loob. 삐나까 마루농 샤 살롭.
그(녀)가 안에서 제일 똑똑하다.
< marunong - 똑똑한. loob - 안 >

◆ Pinakamahal ang Tagalog. 삐나까마할 앙 따갈로그.
따갈로그가 제일 어렵다.
< mahal - 어려운 >

◆ Pinakapayat ako sa klase. 삐나까빠얏 아꼬 사 끌라제.

나는 반에서 제일 날씬하다.
< klase - 반. payat - 날씬한 >

- Pinakamatangkad ang tatay ko. 삐나까마땅까드 앙 따따이 꼬.
  나의 아버지는 제일 키가 크다.
  < tatay - 아버지 >

- Pinakamaganda ang nanay ko sa pamilya. 삐나까마간다 앙 나나이 꼬 사 빠밀야.
  나의 어머니는 가족에서 제일 아름답다.
  < nanay - 어머니 >

Maria와 John이 집안에 대해 대화하고 있는 중이다.

- Maria : Sino ito? 시노 이또?
  이 사람은 누구냐?

- John : Kapatid ko ito. Mas bata siya sa akin pero mas matangkad. 까빠띠드 꼬 이또. 마스 바따 샤 사 아낀 뻬로 마스 마땅가드.
  이 사람은 나의 형제이다. 그(녀)는 내 보다 더 어리나 키가 더 크다.

- Maria : Sino ang pinakamatangkad? 시노 앙 삐니까마땅까드?
  누가 최고로 키가 크느냐?

- John : Ang tatay ko. 앙 따따이 꼬.
  나의 아버지.

- Maria : Sino ang pinakamaganda? 시노 앙 삐나까마간다?
  누가 제일 예쁘냐?

- John : Pinakamaganda ang nanay ko sa pamilya. 삐나까마간다 앙 나나이 꼬 사 빠밀야.
  집안에서 나의 어머니가 제일 예쁘다.

7-5 형용사의 강조

형용사를 반복하면 형용사를 강조하게 된다.

- Magandang-maganda siya. 마간당 마간다 샤.
  그녀는 매우 아름답다.
  < maganda - 아름다운 >

- Ang lalaki ay masayang-masaya ngayon. 앙 랄라끼 아이 마사양 마사야 나욘.
  그 남자는 오늘 매우 행복하다.
  → Masayang-masaya ang lalaki ngayon. 마사양 마사야 앙 랄라끼 나욘. (술어적 문장)
  < lalaki - 남자. ngayon - 오늘, 지금. masaya - 행복한 >

- Ang orange ay masarap na masarap. 앙 오렌지 아이 마사랍 나 마사랍.
  그 오렌지는 매우 맛있다.
  → Masarap na masarap ang orange. 마사랍 나 마사랍 앙 오렌지. (술어적 문장)
  < masarap - 맛있는 >

- Matabang mataba ang lalaki. 마따방 마따바 앙 랄라끼.
  그 남자는 매우 뚱뚱하다.
  < mataba - 뚱뚱한 >

- Malinis na malinis ang bahay. 말리니스 나 말리니스 앙 바하이.
  그 집은 매우 깨끗하다.
  < malinis - 깨끗한. na - 연결어 >

- Matandang matanda si John. 마딴당 마딴다 시 죤.
  죤은 매우 나이가 들었다.
  < matanda - 나이 든 >

상황: A와 C가 약속장소에 만나 점심식사 전•후에 만나서 대화하는 모습임

- A ; Kumain ka na ba? 꾸마인 까 나 바?
  당신 벌써 식사했느냐?
  < kain - 먹다, ka - 너, na - 벌써, 이미 >

- C ; Hindi pa, ikaw ba? 힌디 빠, 이까우 바?
  아직 아니다. 당신은?
  < hindi - 아니다. pa - 아직, 더, 여전히 >

- A ; Ako rin. 아꼬 린.
  나 역시.
  < rin - 역시>

- C ; Gusto mo bang karne at kanin sa hapunan? 구스또 모방 낭 까르네 앗 까닌 사 하뿌난?
  당신은 저녁으로 고기와 밥을 좋아하느냐?
  < gusto - 좋아하다, 원하다. karne - 고기. hapunan - 저녁 >

- A ; Okay lang. 오케이 랑.
  좋아.
  < lang - 오직, 단지 >

- A, C: Busog na kami. 부속 나 까미.
  우리는 벌써 배 부르다.
  < busog - 배부른. na - 이미, 벌써 >

- A ; Gusto mo ba ang tsa? 구스또 모 바 앙 차?
  당신은 차를 마시겠습니까?
  < gusto - 원하다. tsa - (마시는)차. mo - 너 >

- A, C ; Masarap na masarap ang pagkain namin. 마사랍 나 마사랍 앙 빡까인 나민.
  우리가 먹은 음식이 맛이 매우 있었습니다.
  < masarap - 맛있는. pagkain - 음식. namin - 우리들의 >

key Point

1. Kasing(원급): ~만큼 ~하다.
2. magkasing 사용(원급).
3. Mas(~kaysa sa) 를 사용(비교급) : ~보다 ~하다
4. Pinaka를 사용(최상급) : 최고로 ~하다.

(따갈로그에서의 형용사는 ma 형용사와 ma없는 형용사가 있고, 간혹 단어앞에 ma를 붙여 사용하기도 한다. 형용사를 강조할 때는 형용사를 반복하여 표현한다.)

【 E- 지프니 】

【 e - trike 】

8장 수사와 시간

이 장은 1부터 1000이상 숫자를 나타내는 기수, 첫 번째, 두 번째 등을 나타내는 서수, 분수, 그리고 요일, 달을 포함하여 시간등을 설명한다.

8-1 기수

8-1-1 따갈로그에서 숫자는 우선 1~10까지 표현하면

숫자	1	2	3	4	5	6	7	8	9	10
따갈로그 (발음)	isa 이사	dalawa 달라와	tatlo 따뜰로	apat 아빳	lima 리마	anim 아님	pito 삐또	walo 왈로	siyam 샴	sampu 삼뿌

(숫자 '10'의 표현에 'Sampu'대신에 'Labing'으로 표현하기도 한다)

8-1-2 11~20까지

숫자	따갈로그	숫자	따갈로그
11	labing-isa 라빙 이사	16	labing-amin 라빙아민
12	labindalawa 라빈달라와	17	labinpito 라빈삐또
13	labintatlo 라빈따뜰로	18	labinwalo 라빈왈로
14	labing-apat 라빙아빳	19	labinsiyam 라빈샴
15	labinlima 라빙리마	20	dalawampu t 달라왐뿟

8-1-3 21~99까지

숫자	따갈로그	숫자	따갈로그
20	dalawam pu't 달라왐뿟	28	dalawam pu't walo 달라 왐 뿟 왈로
30	tatlong pu't 따뜰롱뿟	32	tatlong pu't dalawa 따뜰롱뿟 달라와
40	apat na pu't 아빳나 뿟	44	apat na pu't apat 아빳 나 뿟 아빳
50	limang pu't 리망 뿟	57	limang pu't pito 리망 뿟 삐또
60	anim na pu't 아님 나 뿟	63	anim na pu't tatlo 아님 나 뿟 따뜰로
70	pitong pu't 삐똥 뿟	71	pitong pu't isa 삐똥 뿟 이사
80	walong pu't 왈롱 뿟	84	walong pu't apat 왈롱 뿟 아빳
90	siyam na pu't 샴 나 뿟	96	siyam na pu't anim 샴 나 뿟 아님

8-1-4 100이상

숫자	따갈로그	숫자	따갈로그
100	daan 다한	1000	libo 리보
200	dalawang daan 달라왕 다한	2000	dalawang libo 달라왕 리보
300	tatlong daan 따뜰롱 다한	3000	tatlong libo 따뜰롱 리보
400	apat na raan 아빳나 라한	4000	apat na libo 아빳나 리보
500	limang daan 리망 다한	5000	limang libo 리망 리보
600	anim na raan 아님 나 라한	6000	anim na libo 아님 나 리보
700	pitong daan 삐똥 다한	7000	pitong libo 삐똥 리보
800	walong daan 왈롱 다한	8000	walong libo 왈롱 리보
900	siyam na raan 샴 나 라한	9000	siyam na libo 샴 나 리보

(100을 'isang daan'이라 하기도 한다 **)**

100,000 : isang yuta 이상 유따/isang daang libo 이상 다앙 리보
1,000,000 : isang milyon 이상 밀리온/isang angaw 이상 앙아우
1,000,000,000 : isang bilyon 이상 빌리온/isang libong angaw 이상 리봉 앙아우

〈숫자 예〉

355 ; tatlong daan limang put lima 따뜰롱 다안 리망 뿟 리마
2016 ; dalawang libo at labing anim 달라왕 리보 앗 라빙 아님
451 ; apat na daan limang put isa 아빳 나 다안 리망 뿟 이사
7555 ; pitong libot limang daat limang put lima 삐똥 리보 리망 다안 리망 뿟 리마

- Ilang taon ka na? 일랑 따온 까 나?

  몇 살입니까?

  → Labinsiyam na taon na ako. 라빈샴 나 따온 나 아꼬. (대답)

  나는 19살입니다.

  (앞의 na는 연결어이고 뒤의 na는 관사로서 '이미, 벌써'의 뜻이다)

- Ang isa at dalawa ay tatlo. 앙 이사 앗 달라와 아이 따뜰로.

  1+2 = 3 이다.

  → Tatlo ang isa at dalawa. 따뜰로 앙 이사 앗 달라와. (술어적 문장)

- Ang tatlong anak niya ay magaganda. 앙 따뜰롱 아낙 냐 아이 망아 마가간다.

  그(녀)의 세 자식은 아름답다.

  < anak - 자식 >

  → Magaganda ang tatlong anak niya. 마가간다 앙 따뜰롱 아낙 냐. (술어적 문장)

- Merong mga dalawang daang taong nag-lalaro sa paaralan. 메롱 망아 달라왕 다앙 따옹 낙 랄라로 사 빠아랄란.

  약 200명의 사람들이 학교에서 놀고 있습니다.

  < mga - 약. lalaro -놀다. paaralan - 학교 >

- Ilang araw sa isang buwan? 일랑 아라우 사 이상 부완?

  1달은 몇 일입니까?

  < ilang - 몇개. araw - 일, 날. buwan - 달 >

  → Merong mga tatlongpu't na araw sa isang buwan. 메롱 망아 따뜰롱뿟 나 아라우 사 이상 부완.

  1달에는 약 30일이 있습니다.

- Ilang buwan sa isang taon? 일랑 부완 사 이상 따온?

  1년은 몇 달입니까?

  → Merong labindalawang buwan sa isang taon. 메롱 라빈달라왕 부완 사 이상 따온.

  1년에는 12개월이 있습니다.

  < labindalawa - 12. taon - 년 >

- Ilan ang mansanas mo? 일란 앙 만사나스 모?
  당신의 사과는 몇 개냐?
  < mansanas - 사과 >
  → Ang tatlong mansanas ay sa akin. 앙 따뜰롱 만사나스 아이 사 아낀. (대답)
  나의 사과는 3개이다.

- Magkano ang aklat? 막까노 앙 아끌랏?
  그 책은 얼마냐?
  → Mga apat na raan peso itong aklat. 망아 아빳 나 란 뻬소 이똥 아끌랏.
  이 책은 약 400페소이다.

- Ilang taon si Mario? 일랑 따온 시 마리오?
  마리오는 몇 살이냐?
  → Si Mario ay tatlongpu't limang taon. 시 마리오 아이 따뜰롱 뿟 리망 따온.
  마리오는 35살입니다.

- Ano ang tatlongpu't lima at lima? 아노 앙 따뜰롱 뿟 리마 앗 리마?
  35 + 5는 무엇입니까?
  → Apat na put iyan. 아빳 나 뿟 얀.
  그것은 40입니다.

- Ilan ang kanyang anak? 일란 앙 깐양 아낙?
  그(녀)의 자식은 몇 명이냐?
  < kanya - 그(녀) >

8-2 서수

따갈로그에서 서수는 보통 접두사 ika를 사용한다.

의미	따갈로그	의미	따갈로그
첫번째	una 우나	여섯번째	ikaamin 이까아민
두번째	ikalawa 이까라와	일곱번째	ikapito 이까삐또
세번째	ikatlo 이까뜰로	여덟번째	ikawalo 이까왈로
네번째	ikaapat 이까아빳	아홉번째	ikasiyam 이까샴
다섯번째	ikalima 이까리마	열번째	ikasampu 이까삼뿟
열다섯번째	ikalabinlima 이까라빈리마	스물번째	ikadalawampu 이까달라왐뿌

- Ikailan siyang anak na lalaki? 이까일란 샹 아낙 나 랄라끼?
  그는 몇 번째 아들이냐?
  < ikailan - 몇번째. anak na lalaki - 아들 >
  → Una siya. 우나 샤.
  그는 첫 번째입니다.

- Sino ang ikatlo? 시노 앙 이까뜰로?
  누가 세 번째이냐?
  → Ano ang pangalan ng ikatlo na anak sa pamilya mo? 아노 앙 빵알란 낭 이까뜰로 나 아낙 사 삐밀랴 모?
  당신의 가족에서 세 번째 자식의 이름은 무엇이냐?
  → Si Mario ang ikatlo. 시 마리오 앙 이까뜰로.
  마리오가 세 번째입니다.

- Ikaw ba ay bunso? 이까우 바 아이 분소?
  당신은 막내입니까?
  < bunso - 막내 >
  → Hindi, ako ay ikaapat na anak. 힌디, 아꼬 아이 이까아빳 나 아낙.
  아니오, 나는 네 번째 자식입니다.

8-3 분수

분수	따갈로그	분수	따갈로그
1/2	Karahati 까라하띠	1/7	kapito 까삐또 (ikapito 이까삐또)
1/3	katlo 까뜰로 (ikatlo 이까뜰로)	1/8	kawalo 까왈로 (ikawalo 이까왈로)
1/4	Kapat 까아빳 (ikaapat 이까아빳)	1/9	kasiyam 까샴 (ikasiyam 이까샴)
1/5	kalima 깔리마 (ikalima 이깔리마)	1/10	kapulo 까뿔로(ikasamput 이까삼뿌)
1/6	kanim 까님 (ikaanim 이까아님)	2/5	dalawang kalima 달라왕 까리마

- Parakanino ang mansanas mo? 빠라까니노 앙 만사나스 모?
  당신의 사과은 누구를 위한 것이냐?
  < parakanino - 누구를 위한 것. mansanas - 사과 >
  → Ang kapat ng mansanas ko ay para sa kanya. 앙 까빳 낭 만사나스 꼬 아이 빠라 사 깐야. (대답)
  나의 사과의 1/4은 그(녀)를 위한 것이다.
  < para - 를 위하여 >
  → Para sa kanya ang kapat ng mansanas ko. 빠라 사 깐냐 앙 까빳 낭 만사나스 꼬. (술어적 문장)

- Ano ang katlo at katlo? 아노 앙 까뜰로 앗 까뜰로?
  1/3+1/3은 무엇입니까?
  → Dalawang katalo iyan. 달라왕 까뜰로 얀.
  그것은 2/3입니다.

- Bumili tayo ng karahati ng tinapay. 부밀리 따요 낭 까라하띠 낭 띠나빠이.
  빵의 반만 삽시다.
  < bili - 사다. tinapay - 빵 >

- Sa iyo ang kapat ng mga tinapay. 사 이요 앙 까빳 낭 망아 띠나빠이.
  빵들의 1/4은 당신의 것이다.
  < tinapay - 빵 >

8-4 시간

8-4-1 기본 표현

기본용어	따갈로그	기본용어	따갈로그
아침	umaga 우마가	점심	tanghali 땅할리
오후	hapon 하뽄	저녁	gabi 가비
분	minuto 미누또	어제	kahapon 까하뽄
오늘	ngayon 나욘	내일	bukas 부까스
오늘 아침	ngayong umaga 나용 우마가	오늘 오후	ngayong hapon 나용 하뽄
오늘 저녁	ngayong gabi 나용 가비	어제 밤	kagabi 까가비
나중에	mamaya 마마야	시	oras 오라스

8-4-2 시간표현

시간	따갈로그	시간	따갈로그
1:20a.m.	una at dalawampung minuto ng umaga 우나 앗 달라왕 뿡 미누또 낭 우마가	3:40 a.m.	ikatlo at apatnapung minuto ng umaga 이까뜰로 앗 아빳나뿡 미누또 낭 우마가
6:10a.m.	ikaanim at sampung minuto ng umaga 이까아님 앗 삼뿡 미누또 낭 우마가	12 ; 00 noon	ikalabindalawa ng tanghali 이까라빙달라와 낭 땅할리
5:00p.m.	ikalima at apat na put minuto ng hapon 이까리마 앗 아빳 나 뿟 미누또 낭 하뽄	10:00 p.m.	ikalabing ng gabi 이까라빙 낭 가비

- Anong oras na? 아농 오라스 나?

  지금 몇시냐?

  < oras - 시간. na - 지금 >

  → Ikaanim at labing minuto ng umaga. 이까아님 앗 라빙 미누또 낭 우마가. (대답)

  오전 6시 10분입니다.

  < at - 그리고 >

→ Ikaapat ng hapon. 이까아빳 낭 하뽄. (대답)
오후 4시입니다.
→ Ikalawa at kalahati ng hapon. 이까라와 앗 까리하띠 낭 하뽄. (대답)
오후 2시 반입니다.
< ikalawa - 두 번째. kalahati - 반 >
→ Ikapito at sampung minuto ng gabi. 이까삐또 앗 삼뿡 미누또 낭 가비. (대답)
저녁 7시 10분입니다.

◆ Kailan siya darating dito? 께란 샤 다라띵 디또?
그는 언제 여기 도착하느냐?
→ Siya ay darating dito ikatlo at tatlongpu't minito ng hapon. 샤 아이 다라띵 디또 이까뜰로 앗 따뜰롱 뿟 미니또 낭 하뽄.
그는 여기에 오후 3시 30분에 도착할 것입니다.
< dating - 도착하다 >

◆ Kailan ka papasok? 께란 까 빠빠속?
당신은 언제 출근할 것이냐?
→ Papasok ako ikawalo ng umaga. 빠빠속 아꼬 이까왈로 낭 우마가.
나는 오전 8시에 출근할 것입니다.
< pasok - 출근하다, 들어가다 >

8-4-3 요일

요일	따갈로그	요일	따갈로그
월	Lunes 루네스	화	Martes 마르테스
수	Miyerkoles 미예르꼬레스	목	Huwebes 후웨베스
금	Biyernes 비예르네스	토	Sabado 싸바도
일	Linggo 일요일		

8-4-4 달

달	따갈로그	달	따갈로그
1월	Enero 에네로	2월	Febrero 페브레로
3월	Marso 마르소	4월	Abril 아브릴
5월	Mayo 마요	6월	Hunyo 훈요
7월	Hulyo 훌요	8월	Agosto 아고스또
9월	Setembre 세뗌브레	10월	Oktubre 옥뚜브레
11월	Nobyembre 노벰브레	12월	Disyembre 디셈브레

8-4-5 계절

계절	따갈로그	계절	따갈로그
봄	tagsibol 딱시볼	여름	tagaraw 딱아라우
가을	taglagas 딱라가스	겨울	taglamig 딱라믹

- Kailan ang iyong klase? 께란 앙 이용 끌라제?
  당신의 수업은 언제입니까?
  → Ang aking klase ay mula sa Lunes hanggang sa Biyernes. 앙 아낑 끌라제 아이 물라 사 루네스 항강 사 비예르네스.
  나의 수업은 월요일부터 금요일까지입니다.
  < klase - 수업 >

- Ano sa tagalog ang 'spring'? 아노 사 따갈로그 앙 스프링?
  스프링을 따갈로그로 무엇이라 합니까?
  → Tasibol ang 'sping' sa tagalog. 딱시볼 앙 스프링 사 따갈로그.
  스프링을 따갈로그로 딱시볼이라합니다.

- Ano ang panahon ng pinakalamig sa isang taon? 아노 앙 빠라혼 낭 삐나까라믹 사 이상 따온?
  1년에서 가장 추운 계절을 무엇이라 합니까?
  < panahon - 계절 >

→ Taglamig iyan. 딱라믹 얀.
그것은 겨울입니다.
< taglamig - 겨울 >

- Kailan ka pupunta sa Philippinas? 께란 까 뿌뿐따 사 필리피나스?
  당신은 언제 필리핀에 갈겁니까?
  → Sa Agosto ako pupunta sa Philippinas. 사 아고스또 아꼬 뿌뿐따 사 필리피나스.
  나는 필리핀에 8월달에 갈 겁니다.
  < kailan - 언제. punta - 가다 >

✎ 상황1 : Smith씨(A)가 택시를 이용해서 약속 장소에 가는 중 택시기사(B)와 대화하는 모습임

- B ; Saan ka na pupunta? 사안 까 나 뿌뿐따?
  당신은 지금 어디 갑니까?
  < saan - 어디, punta - 가다 >

- A ; Sa Marikina tayo. 사 마리끼나 따요.
  마리끼나에 갑시다.

- A; Puwede ka bang bukas ng metro? 뿌웨데 까 방 부까스 낭 메뜨로?
  당신은 미터기를 켤 수 있느냐?
  < puwede - 할 수 있다. bukas - 열다. metro - 미터기 >

- B ; Oo, ako ay bukas ng metro. 오오, 아꼬 아이 부까스 낭 메뜨로.
  예, 나는 미터기를 켰습니다.

- A ; Puwede ba akong umabot sa SM Manila hanggang ikaapat ng hapon? 뿌웨데 바 아꽁 우마봇 사 SM마닐라 항강 이까아빳 낭 하뽄?
  오후 4시까지 SM마닐라에 도착할 수 있습니까?
  < abot - 도착하다. hanggang - 까지. ikaapat - 4. hapon - 오후 >

- Puwede tayo umabot. 뿌웨데 따요 우마봇.

우리는 도착할 수 있습니다.

- A ; Pakiusap dahan-dahan lang. 빡끼우삽 다한 다한 랑.
  실례지만, 천천히 갑시다.
  < pakiusap - 실례지만. dahan - 천천히. lang - 오직, 단지 >

상황2 : 시장에서 상점주인(B)과 Maria(A)가 대화하는 중임.

- A ; Sariwa ba ang mga mansanas at banana? 사리와 바 앙 망아 만사나스 앗 바나나?
  사과와 바나나는 신선합니까?
  < sariwa - 신선한. mansamas - 사과. at - 과 >

- B ; Oo po. Maraming sariwa ang mga iyan. 오 뽀. 마라밍 사리와 망아 얀.
  예. 그들은 매우 신선합니다.
  < marami - 많은 >

- A ; Magkano ang dalawang kilong mansanas? 막까노 앙 달라왕 낄롱 만사나스?
  사과 2킬로에 얼마입니까?
  < magkano - 얼마. kilo -킬로 >

- B ; Ang gulay na ito ay mas mura kaysa riyan. 앙 굴라이 나 이또 아이 마스 무라 께사 리안.
  이 채소는 저것보다 더 싸다.
  < gulay - 채소. mas - 더. mura - 싼. riyan - 저것 >

- A ; Bigyan mo ako ng tatlong kilong manok? 비갼 모 아꼬 낭 따뜰롱 낄롱 마녹?
  닭고기 3킬로 나한테 주셔요.

- A ; Saan ako makakabili ng maraming isda? 사안 아꼬 마까까빌리 낭 마라밍 이스다?
  나는 어디서 많은 생선을 살 수 있습니까?
  < saan - 어디. makabili - 살 수 있다. isda - 생선 >

key Point

1. 7555 : pitong libot limang daat limang put lima
2. Ako ay ikaapat na anak. 나는 네 번째 자식입니다.
3. 1/3 : katlo(or ikaapat)
4. 1/3+1/3 : katlo at katlo
5. 2/3 : Dalawang katalo
6. 6:10 a.m : kiaanim at sampung minuto ng umaga
7. 1-isa, 2-dalawa, 3-tatlo, 4-apat, 5-lima, 6-anim, 7-pito, 8-walo, 9-siyam 10-sampu

(따갈로그에서 서수는 보통 접두사 ika를 사용한다)

【 세부 】

【 마젤란이 전투한 장소-세부 】

9장 Um동사 및 Mag동사

따갈로그에서 동사부분이 대단히 복잡하고 어렵다. 따갈로그 동사에는 um, mag, maka, in 및 i 동사등 여러 가지가 있고 이 동사가 시제와 함께 다양하게 변화한다. 이러한 동사는 일반적으로 능동태형과 수동태형으로 두가지로 구별이 되어 um, mag, ma, maka동사는 능동태로 행동자를 강조할때 in, I(이, 혹은 아이)동사등은 목적어를 강조할때 사용하는 동사이다. 이 장에서는 이중 능동태형의 대표적인 Um동사와 Mag동사에 대해 원형이 자음으로 시작될 때와 모음으로 시작될 때의 변화를 설명한다.

9-1 Um동사

Um 동사는 주로 능동형에서 사용되며 동사원형이 자음으로 시작될 때와 모음으로 시작될 때로 구분하여 변화한다.

9-1-1 원형이 자음으로 시작될 때는 첫 자음 뒤에 um이 위치한다.

원형	첫자음 +um	의미
basa 바사	bumasa 부마사	읽다
kain 까인	kumain 꾸마인	먹다
dating 다띵	dumating 두마띵	도착하다
sama 사마	sumama 수마마	함께 가다
bili 빌리	bumili 부밀리	사다
kuha 꾸하	kumuha 꾸무하	얻다
pasok 빠속	pumasok 뿌마속	들어가다
tawag 따왁	tumawag 뚜마왁	부르다, 전화하다
kanta 깐따	kumanta 꾸만따	노래하다
lakad 라까드	lumakad 루마까드	걷다

9-1-2 시제변화(자음으로 시작되는 동사)

um동사(부정사)	명령	과거	현재	미래
첫 자음뒤+um	첫 자음뒤+um	첫 자음뒤+um	첫음절 반복	um생략
bumasa 부마사	bumasa 부마사	bumasa 부마사	bumabasa 부마바사	babasa 바바사
kumain 꾸마인	kumain 꾸마인	kumain 꾸마인	kumakain 꾸마까인	kakain 까까인
dumating 두마띵	dumating 두마띵	dumating 두마띵	dumarating 두마라띵	darating 다라띵
sumama 수마마	sumama 수마마	sumama 수마마	sumasama 수마사마	sasama 사사마
bumili 부밀리	bumili 부밀리	bumili 부밀리	bumibili 부미빌리	bibili 비빌리
kumuha 꾸무하	kumuha 꾸무하	kumuha 꾸무하	kumukuha 꾸무꾸하	kukuha 꾸꾸하
pumasok 뿌마속	pumasok 뿌마속	pumasok 뿌마속	pumapasok 뿌마빠속	papasok 빠빠속
tumawag 뚜마왁	tumawag 뚜마왁	tumawag 뚜마왁	tumatawag 뚜마따왁	tatawag 따따왁
kumanta 꾸만따	kumanta 꾸만따	kumanta 꾸만따	kumakanta 꾸마깐따	kakanta 까깐따
lumakad 루마까드	lumakad 루마까드	lumakad 루마까드	lumalakad 루마라까드	lalakad 라라까드

- Kumain si Smith ng tinapay sa paaralan. 꾸마인 시 스미스 낭 띠나빠이 사 빠아랄란.
  스미스씨는 학교에서 빵을 먹었다.
  < tinapay - 빵. paaralan - 학교 >
- Kakain ako ng mansanas. 까까인 아꼬 낭 만사나스.
  나는 사과를 먹을 것이다.
  < mansanas - 사과 >
- Babasa ako ng aklat ng Tagalog sa paaralan ngayong hapon. 바바사 아꼬 낭 아끌랏 낭 따갈로그 사 빠아랄란 나욘 하뽄.
  나는 오늘 오후에 학교에서 따갈로그 책을 읽을 것이다.
  < aklat - 책. paaralan - 학교. ngayon - 오늘. hapon - 오후 >

- Saan ka ba lumalakad? 사안 까 바 루마라까드?
  너는 어디로 가고 있은 중이냐?
  < saan - 어디 >
  → Lumalakad ako sa paaralan. 루마라까드 아꼬 사 빠아랄란. (대답, 술어적 문장)
  → Ako ay lumalakad sa paaralan. 아꼬 아이 루마라까드 사 빠아랄란. (대답, 주어적 문장)
  나는 학교에 가고 있다.

- Kailan siya darating dito? 께란 샤 다라띵 디또?
  그(녀)는 언제 여기에 도착합니까?
  < kailan - 언제. dito - 여기 >
  → Darating siya sa ikapito at sampung minuto ng gabi dito. 다라띵 샤 사 이까삐또 앗 삼뿡 미누또 낭 가비 디또. (대답)
  그(녀)는 저녁 7시 10분에 여기에 도착할 것입니다.
  < ikapito - 7번째. sampung - 10. minuto - 분. gabi - 저녁 >

- Ano ang gusto mong bibili? 아노 앙 구스또 몽 비빌리?
  너는 무엇을 사기를 원하느냐?
  < ano - 무엇. gusto - 원하다, 좋아하다. mo - 너의 >
  → Ako ay gustong bibili ng aklat ng Tagalog. 아꼬 아이 구스똥 비빌리 낭 아끌랏 낭 따갈로그. (대답)
  → Gusto akong bibili ng aklat ng Tagalog. 구스또 아꽁 비빌리 낭 아끌랏 낭 따갈로그. (술어적 문장)
  나는 따갈로그 책을 사기를 원합니다.

- Sino ang sumasama mo? 시노 앙 수마사마 모?
  당신과 함께 가는 사람은 누구냐?
  < sino - 누구 >
  → Si John ang sumasama ko. 시 쟌 앙 수마사마 꼬. (대답)
  → Ang sumasama ko si John. 앙 수마사마 꼬 시 쟌. (술어적 문장)
  나와 함께 사고 있는 사람은 쟌이다.

- Gusto mo bang kumanta? 구스또 모 방 꾸만따?
  당신은 노래 부르기를 원하느냐?
  → Oo, gusto kong kumanta. 오오, 구스또 꽁 꾸만따.
  예, 나는 노래 부르는 것을 좋아합니다.

9-1-3 원형이 모음으로 시작되면 원형동사 앞에 위치한다.

원형	um동사	의미
isip 이십	umisip 우미십	생각하다
alis 알리스	umalis 우말리스	떠나다
iyak 이약	umiyak 우미약	울다, 소리치다
inom 이놈	uminom 우미놈	마시다
awit 아윗	umawit 우마윗	노래부르다

9-1-4 시제변화 (모음으로 시작하는 동사)

Um동사(부정사)	명령	과거	현재	미래
원형동사앞 um	원형동사앞 um	원형동사앞 um	첫모음반복	um생략
umisip 우미십	umisip 우미십	umisip 우미십	umiisip 우미이십	iisip 이이십
umalis 우말리스	umalis 우말리스	umalis 우말리스	umaalis 우마알리스	aalis 아알리스
umiyak 우미약	umiyak 우미약	umiyak 우미약	umiiyak 우미이약	iiyak 이이약
uminom 우미놈	uminom 우미놈	uminom 우미놈	umiinom 우미이놈	iinom 이이놈
umawit 우마윗	umawit 우마윗	umawit 우마윗	umaawit 우마아윗	aawit 아아윗

- Aalis kami sa Pilipinas. 아알리스 까미 사 삘리삐나스.
  우리는 필리핀으로 떠날 것이다.

- Umiinom ako ng kape sa restraunt. 우미이놈 아꼬 낭 까뻬 사 레스토랑.
  나는 레스토랑에서 커피를 마시고 있습니다.
  < kape - 커피 >

- Iisip ako sa iyo. 이이십 아꼬 사 이요.
  나는 너를 생각할 것입니다.

- Bakit ka ba umiiyak? 바낏 까 바 우미이약?
  왜 당신은 울고 있습니까?
  < bakit - 왜 >
  → May sakit ang ulo ko. 메 사낏 앙 울로 꼬. (대답)
  머리가 아파서요.
  < may - 있다. sakit - 아픔, 병. ulo - 머리 >

- Saan kayo aawit ngayong umaga? 사안 까요 아아윗 나용 우마가?
  당신들은 오늘 아침 어디서 노래 부를 것이냐?
  < saan - 언제. ngayon - 오늘. umaga - 아침 >
  → Aawit kami sa paaralan ngayong umaga. 아아윗 까미 사 빠아랄란 나용 우마가. (대답)
  우리는 오늘 아침 학교에서 노래부를 것이다.

- Ano ang gusto mong iinom bukas sa S.M? 아노 앙 구스또 몽 이이놈 부까스 사 에스 엠?
  당신은 내일 에스엠에서 무엇을 마시고 싶으냐?
  < ano - 무엇. gusto - 원하다, 좋아하다 >
  → Buko ang gusto kong iinom bukas sa S.M. 부꼬 앙 구스또 꽁 이이놈 부까스 사 에스엠. (대답)
  나는 내일 에스 엠에서 부꼬를 마시고 싶습니다.
  < buko - 부꼬, 과일이름 >

9-2 Mag 동사

Mag동사는 행동자를 강조하는 동사로서 원형동사가 모음으로 시작되면 mag과 모음사이에 연자부호(-)를 사용하고 자음으로 시작하면 연자부호가 필요없다.

9-2-1 원형이 자음으로 시작될 때

원형	mag동사	의미
bus 부스	magbus 막부스	버스를 타다
laro 라로	maglaro 막라로	놀이하다
dala 달라	magdala 막달라	운반하다
luto 루또	magluto 막루또	요리하다
linis 리니스	maglinis 락리니스	청소하다

9-2-2 시제변화(자음으로 시작되는 동사)

mag동사(부정사)	명령	미래	현재	과거
mag + 원형	mag + 원형	mag + 첫음절반복	nag + 첫음절반복	nag + 원형
magbus 막부스	magbus 막부스	magbubus 막부부스	nagbubus 낙부부스	nagbus 낙부스
maglaro 막라로	maglaro 막라로	maglalaro 막랄라로	naglalaro 낙랄라로	naglaro 낙라로
magdala 막달라	magdala 막달라	magdadala 막다달라	nagdadala 낙다달라	nagdala 낙달라
magluto 막루또	magluto 막루또	magluluto 막룰루또	nagluluto 낙룰루또	nagluto 낙루또
maglinis 락리니스	maglinis 막리니스	maglilinis 막릴리니스	naglilinis 낙릴리니스	naglinis 낙리니스

- Nagtetenis siya ngayon. 낙떼떼니스 샤 나욘.
  그(그녀)는 지금 테니스를 치고 있습니다.
  < magtenis - 테니스를 치다. ngayon - 지금 >

- Maglilinis ba kayo ng bahay ninyo sa sabado? 막릴리니스 바 까요 낭 바하이 닌요 사 사바도?
  당신들은 토요일에 당신들의 집을 청소할 예정입니까?
  < bahay - 집. sabado - 토요일 >

- Paano sila pumunta sa Manila? 빠아노 실라 뿌문따 사 마닐라?
  그들은 어떻게 마닐라에 갔읍니까?
  < paano - 어떻게. punta - 가다 >
  → Nagbus sila sa pumunta sa Manila. 낙부스 실라 사 뿌무뿐따 사 마닐라. (대답)
  그들은 마닐라에 버스를 탔다.

- Ano ang magluluto mo sa iyong bahay bukas ng hapon? 아노 앙 막루루또 모 사 이용 바하이 부까스 낭 하뽄?
  당신은 내일 오후 당신 집에서 무엇을 요리할려고 합니까?
  < ano - 무엇. bahay - 집. hapon - 오후 >
  → Magluluto ako ng Sinigang sa aking bahay bukas ng hapon. 막루루또 아꼬 낭 시니강 사 아낑 바하이 부까스 낭 하뽄. (대답)
  나는 내일 오후 나의 집에서 시니강을 요리할 것이다.

- Kailan ka maglilinis ng aking silid? 께란 까 막릴리니스 낭 아낑 실리드?
  당신은 언제 내 방을 청소할려고 하느냐?
  < kailan - 언제. silid - 방, 침실 >
  → Maglilinis ako ng iyong silid sa ikatlong ngayong hapon. 막릴리니스 아꼬 낭 이용 실리드 사 이까뜰롱 나용 하뽄. (대답)
  나는 오늘 오후 3시에 당신방을 청소할려고 한다.
  < ikatlo - 3번째. ngayon -오늘. hapon - 오후 >

- Ano ang gusto mong magluto? 아노 앙 구스또 몽 막루또?
  당신은 무엇을 요리하기를 원하느냐?
  → Ramen ang gusto kong magluto. 라멘 앙 구스또 꽁 막루또. (대답)
  내가 요리하기를 원하는 것은 라멘입니다.

- Ano ang nagdadala mo? 아노 앙 낙달달라 모?
  운반하고 있는 것이 무엇입니까?
  → Mga aklat ang nagdadala ko. 망아 아끌랏 앙 낙다달라 꼬.
  내가 운반하고 있는 것은 책들입니다.

9-2-3 원형이 모음으로 시작될 때

원형	mag동사	의미
aral 아랄	mag-aral 막아랄	공부하다
antay 안따이	mag-antay 막안따이	기다리다
usap 우삽	mag-usap 막우삽	서로 이야기하다
utos 우또스	mag-utos 막우또스	명령하다
isip 이십	mag-isip 막이십	생각하다

9-2-4 시제변화(모음으로 시작되는 동사)

mag동사(부정사)	명령	미래	현재	과거
mag + 원형	mag + 원형	mag + 첫모음반복	nag + 첫모음반복	nag + 원형
mag-aral 막아랄	mag-aral 막아랄	mag-aaral 막아아랄	nag-aaral 낙아아랄	nag-aral 낙아랄
mag-antay 막안따이	mag-antay 막안따이	mag-aantay 막아안따이	nag-aantay 낙아안따이	nag-antay 낙안따이
mag-usap 막우삽	mag-usap 막우삽	mag-uusap 막우우삽	nag-uusap 낙우우삽	nag-usap 낙우삽
mag-utos 막우또스	mag-utos 막우또스	mag-uutos 막우우또스	nag-uutos 낙우우또스	nag-utos 낙우또스
mag-isip 막이십	mag-isip 막이십	mag-iisip 막이이십	nag-iisip 낙이이십	nag-isip 낙이십

- Ano ang nag-aaral mo? 아노 앙 낙 아아랄 모?
  당신은 무엇을 공부하고 있습니까?
  → Nag-aaral ako ng tagalog. 낙 아아랄 아꼬 낭 따갈로그. (대답)
  나는 따갈로그를 공부하고 있습니다.

- Mag-uusap ako sa kanya. 막 우우삽 아꼬 사 깐냐.
  나는 그(그녀)와 함께 대화할 것이다.

- Sino ang nag-aantay mo? 시노 앙 낙 아안따이 모?
  당신은 누구를 기다리고 있는 중이냐?
  < sino - 누구 >
  → Nag-aantay ako sa kanya. 낙 아안따이 아꼬 사 깐야. (대답)
  → Ako ay nag-aantay sa kanya. 아꼬 아이 낙 아알따이 사 깐야. (주어적 문장)
  나는 그(녀)를 기다리고 있다.

- Nag-utos ka ba sa kanila? 낙 우또스 까 바 사 까닐라?
  당신은 그들에게 명령을 했습니까?
  → Oo, nag-utos ako sa kanila. 오오, 낙 우또스 아꼬 사 까닐라. (대답)
  예, 나는 그들에게 명령했습니다.

- Ano ang nag-iisip mo? 아노 앙 낙 이이십 모?
  당신은 무엇을 생각하고 있습니까?
  → Nag-iisip ako sa kanya. 낙 이이십 아꼬 사 깐야. (대답)
  나는 그를 생각하고 있습니다.

- Saan ka nag-aaral? 사안 까 낙 아아랄?
  당신은 어디서 공부합니까?
  → Ako ay nag-aaral sa paaralan. 아꼬 아이 낙 아아랄 사 빠아랄란. (대답)
  나는 학교에서 공부합니다.

- Sino ang nag-aantay sa iyo? 시노 앙 낙아안따이 사 이요?
  당신을 기다리는 사람은 누구냐?
  → Siya ay nag-aantay sa akin. 샤 아이 낙 아안따이 사 아낀.
  그녀가 나를 기다리고 있습니다.

- Ano ang nag-uusap mo? 아노 앙 낙 우우삽 모?
  당신이 말하고 있는 것은 무엇이냐?
  → Ako ay nag-uusap sa buhay namin. 아꼬 아이 낙 우우삽 사 부하이 나민.
  나는 우리의 인생에 대해 이야기 하고 있습니다.

✎ 옛 동료들의 대화

- Kim ; Ano ang trabaho mo? 아노 앙 뜨라바호 모?
  당신의 직업은 무엇입니까?
  < trabaho - 일, 직업 >
  → Park1 : Inhinyero po ako. 인힌예로 뽀 아꼬.
  나는 엔지니어입니다.
  < inhinyero - 엔지니어 >
  → Jeong : Ako ang manggagawa sa A. 아꼬 앙 망가가와 사 에이.
  나는 A에서 노동자입니다.
  < manggagawa - 노동자 >
  → Shon ; Magsasaka ako. 막사사까 아꼬.
  나는 농부입니다.
  < magsasaka - 농부 >
  → Park2 ; Arkitekto ako. 아르끼떽또 아꼬.
  나는 건축가입니다.
  < arkitekto - 건축가 >

- Kim : Saan po kayo nagtatrabaho? 사안 뽀 까요 낙따뜨라바호?
  당신은 어디서 일하고 계십니까?
  < saan-어디. magtrabaho - 일하다 >
  → Lee : Nagtatrabaho ako sa banko. 낙따뜨라바호 아꼬 사 방꼬
  나는 은행에서 일하고 있습니다.

- Kim : Saan ka nag-aaral? 사안 까 낙-아아랄?
  당신은 어디서 공부하고 있습니까?
  < nag-aaral - 공부하다 >
  → Chun ; Nag-aaral ako sa aklatan. 낙 아아랄 아꼬 사 아끌라딴.
  나는 도서관에서 공부하고 있습니다.

- Joy : Saan po kayo nagtatrabaho, Mr. Tomson? 사안 뽀 까요 낙따뜨리바호, 미스터 톰슨?
  톰슨씨 당신은 어디에서 일하고 계십니까?
  → Mr. Tomson : Sa SM. Ikaw, ano ang trabaho mo? 사 에스 엠. 이까우,

아노 앙 뜨라바호 모?

에스엠에서요 당신에 대해서, 당신의 직업은 무엇입니까?

< trabaho - 일, 직업 >

→ Joy : Nagtrabaho ako sa C noong 2010 taon. 낙뜨라바호 아꼬 사 C 노옹 2010 따온

나는 2010에 C에서 근무하였습니다.

< noon ; ~때(과거). >

- Mr. Tomson : Talaga? Ikaw, Maria? 딸라가? 이까우, 마리아?

  정말이냐? 마리아, 당신은?

  → Maria : Estudyante po ako. Nag-aaral ako sa unibersidad ng Pilipinas. 에스뚜단떼 뽀 아꼬. 낙 아아랄 아꼬 사 유니베르시다드 낭 필리피나스.

  나는 학생입니다. 나는 필리핀 대학에서 공부하고 있습니다.

key Point

1. Um 동사(원형의 첫글자가 자음 및 모음)
   kumain - kumain- kumakain- kakain
   uminom - uminom - umiinom-iinom
2. Mag 동사(원형의 첫글자가 자음 및 모음)
   maglaro - maglaro - maglalaro-naglaro
   magaral - magaaral - nagaral - nagaral

(따갈로그에서 가장 복잡한 부분은 동사 부분이다. 일반적으로 'um, mag, ma, maka' 동사는 행동자를 강조할 때, 'in, I' 동사 등은 목적어를 강조할 때 사용한다.)

【 리조트 】

【 안경원숭이 - 보홀 】

10장 Ma, Maka 및 Makapag동사

이 장은 Um과 Mag동사와 마찬가지로 주로 능동태 문장에 많이 쓰이는 Ma, Maka 및 Makapag동사에 대해 시제변화와 함께 활용도에 대해 언급한다.

10-1 Ma동사

Ma동사는 능동태와 수동태에 사용하나 보통 능동태 문장에서 자동사와 활용되면서 행동의 주체가 없이 상태에 대한 원인을 나타낸다.

10-1-1 많이 쓰이는 Ma동사(능동태)

원형	ma동사	의미
kinig 끼닉	makinig 마끼닉	듣다
tulog 뚜록	matulog 마뚤록	잠을 자다
galit 갈릿	magalit 마갈릿	화내다
lungkot 룽꼿	malungkot 말룽꼿	슬프다
ligo 리고	maligo 말리고	목욕하다

10-1-2 시제변화(능동태)

ma동사(부정사)	명령	미래	현재	과거
ma + 원형	ma + 원형	ma + 첫 모음반복	na + 첫 모음반복	na + 원형
makinig 마끼닉	makinig 마끼닉	makikinig 마끼끼닉	nakikinig 나끼끼닉	nakinig 나끼닉
matulog 마뚤록	matulog 마뚤록	matutulog 마뚜뚤록	natutulog 나뚜뚤록	natulog 나뚤록
magalit 마갈릿	magalit 마갈릿	magagalit 마가갈릿	nagagalit 나가갈릿	nagalit 나갈릿
malungkot 말룽꼿	malungkot 말룽꼿	malulungkot 말루룽꼿	nalulungkot 날룰룽꼿	nalungkot 날룽꼿
maligo 말리고	maligo 말리고	maliligo 말리리고	naliligo 날리리고	naligo 날리고

- Kailan ka natulog kahapong gabi? 께란 까 나뚜록 까하뽕 가비?
  당신은 어제밤 언제 잠을 잤습니까?
  < kailan - 언제. kahapon - 어제. gabi - 밤 >
  → Natulog ako sa ikalabin at dalawa ng kahapong gabi. 나뚜록 아꼬 사 이까라빈 앗 달라와 낭 가비. (대답)
  나는 어제 밤 12시에 잠을 잤습니다.

- Sino ang nagagalit sa kanya? 시노 앙 나가갈릿 사 깐야?
  누가 그(녀)에게 화를 내고 있느냐?
  → Nagagalit ang tatay ko sa kanya. 나가갈릿 앙 따따이 꼬 사 깐냐. (대답)
  나의 아버지가 그(그녀)에게 화를 내고 있습니다.
  < tatay - 아버지 >

- Bakit siya nalulungkot ngayon? 바낏 샤 나루룽꼭 나욘?
  왜 그녀는 지금 슬퍼하고 있느냐?
  < bakit - 왜 >
  → Dahil namatay ang nanay niya. 다힐 나마따이 앙 나나이 냐. (대답)
  그녀의 어머니께서 돌아가셨기 때문에요.
  < dahil - 때문에. patay - 죽다. nanay - 어머니 >

- Puwede ka ba maligo? 뿌웨데 까 바 말리고?
  당신은 수영을 할 수 있느냐?
  < puwede - 할 수 있다 >
  → Oo, puwede ako maligo. 오오, 뿌웨데 아꼬 말리고. (대답)
  예, 나는 수영을 할 수 있습니다.

- Ano ang nakikinig mo? 아노 앙 나끼끼닉 모?
  당신은 무엇을 듣고 있습니까?
  < ano - 무엇. mo - 당신의 >
  → Ako ay nakikinig ng musika. 아꼬 아이 나끼끼닉 낭 무시까.
  나는 음악을 듣고 있습니다.

- Saan ang naligo mo? 사안 앙 날리고 모?
  당신은 어디서 목욕을 했느냐?
  → Ako ay naligo sa bahay, 아꼬 아이 날리고 사 바하이.
  나는 집에서 목욕을 했습니다.

- Natulog ako sa kanya. 나뚤록 아꼬 사 깐야.
  나는 그녀 때문에 슬퍼했습니다.

- Natulog ka ba kagabi? 나뚤록 까 바 까가비?
  당신은 어제 밤에 잠을 잤습니까?
  → Oo, natulog ako kagabi. 오오, 나뚤록 아꼬 까가비.
  예, 나는 어젯밤에 잠을 잤습니다.
  → Hindi ako natulog kagabi. 힌디 아꼬 나뚤록 까가비.
  나는 어젯밤 잠을 자지 않았습니다.

- Dapat ka makinig sa kanya. 다빳 까 마끼닉 사 깐야.
  당신은 그녀에게 귀를 기울려야 한다.
  < dapat - ~해야 한다 >

10-2 Maka동사

Maka동사는 능력을 나타내는 동사로서 능동태 문장에서
Ma동사와 Um동사에 사용되는 어근을 사용하고 명령형이 없다.

10-2-1 많이 활용되는 Maka동사

원형	maka동사	대표적인 의미
kinig 끼닉	makarinig 마까리닉	들을수 있다
tulog 뚜록	makatulog 마까뚤록	잠을 잘 수 있다
galit 갈릿	makagalit 마까갈릿	화를 낼 수 있다
lungkot 룽꼿	makalungkot 마까룽꼿	슬플 수 있다
kain 까인	makakain 마까까인	먹을 수 있다
kanta 깐따	makakanta 마까깐따	노래부를 수 있다
ligo 리고	makaligo 마까리고	목욕할 수 있다

10-2-2 Maka동사의 시제변화

maka동사(부정사)	미래	현재	과거
maka + 원형	maka + 첫음절반복	naka + 첫음절반복	naka + 원형
makarinig 마까리닉	makaririnig 마까리리닉	nakaririnig 나까리리닉	nakarinig 나까리닉
makatulog 마까뚤록	makatutulog 마까뚜뚤록	nakatutulog 나까뚜뚤록	nakatulog 나까뚤록
makagalit 마까갈릿	makagagalit 마까가갈릿	nakagagalit 나까가갈릿	nakagalit 나까갈릿
makalungkot 마까룽꼿	makalulungkot 마까루룽꼿	nakalulungkot 나까룰룽꼿	nakalungkot 나까룽꼿
makakain 마까까인	makakakain 마까까까인	nakakakain 나까까까인	nakakain 나까까인
makakanta 마까깐따	makakakanta 마까까깐따	nakakakanta 나까까깐따	nakakanta 나까깐따
makaligo 마까리고	makaliligo 마까리리고	nakaliligo 나까리리고	nakaligo 나까리고

- Makatutulog siya sa kanyang bahay bukas. 마까뚜뚤록 샤 싸 깐양 바하이 부까스
  그(그녀)는 내일 잠을 잘 수 있을 것이다.
  < bukas - 내일. bahay - 집 >

- Nakaliligo na ako. 나까리리고 나 아꼬.
  나는 이미 수영을 할 수 있다.
  < na - 벌써, 이미 >

- Ano ang nakaririnig mo? 아노 앙 나까리리닉 모?
  당신은 무엇을 들을 수 있느냐?

- makatutulog ba ako dito ngayon? 마까뚜뚜록 바 아꼬 디또 나욘?
  나는 여기서 오늘 잠잘 수 있느냐?
  < dito - 여기 >
  → Oo, puwede ka matulog dito ngayon. 오오, 뿌웨데 까 마뚜록 디또 나욘. (대답1)
  → Oo, makatutulog ka dito ngayon. 오오, 마까뚜뚜록 까 디또 나욘. (대답2)
  예, 너는 오늘 여기서 잠잘 수 있다.

- Makakakain ba kami sa labas ng tanghalian? 마까까까인 바 까미 살라바스 낭 땅할리안?
  우리는 밖에서 점심을 먹을 수 있느냐?
  → Makakakain kayo sa labas ng tanghalian. 마까까까인 까요 살라바스 낭 땅할리안. (대답)
  당신들은 밖에서 점심을 먹을 수 있다.
  < sa labas - 밖에. tanghalian - 점심 >

- Nakakakanta ba kami sa loob sa paaralan? 나까까깐따 바 까미 살롭 사 빠아랄란?
  우리는 학교안에서 노래를 부를수 있습니까?
  < sa loob - 안에서. paaralan - 학교 >

- Ano ang nakakakanta mo? 아노 앙 나까까깐따 모?
  당신은 부를 수 있는 것이 무엇이냐?
  → Ako ay nakakakanta ng pop-song. 아꼬 아이 나까까깐따 낭 팝송. (대답)
  나는 팝송을 부를 수 있다..

- Ano ang nakakakain ko dito? 아노 앙 나까까까인 꼬 디또?
  내가 여기서 먹을 수 있는 것이 무엇이냐?
  → Nakakakain ka ng ramen dito. 나까까까인 까 낭 라멘 디또.
  당신은 여기서 라멘을 먹을 수 있다.

- Sino ang nakaliligo doon? 시노 앙 나까릴리고 돈?
  누가 저쪽에서 수영할 수 있습니까?

10-3 Makapag동사

Makapag동사도 역시 Maka동사와 마찬가지로 능력을 나타내는 동사로서 능동태 문장에서 활용되고 Mag동사에 사용하는 어근을 사용한다.

10-3-1 원형과 의미

원형	makapag동사	대표적의미
aral 아랄	makapagaral 막까빡아랄	공부할 수 있다
usap 우삽	makapagusap 막까빡우삽	이야기할 수 있다
luto 루또	makapagluto 막까빡루또	요리할 수 있다
linis 리니스	makapaglinis 막까빡리니스	청소할 수 있다

10-3-2 시제변화

makapag동사 (부정사)	미래	현재	과거
Mag동사에 사용하는 어근을 사용			
makapagaral 막까빡아랄	makapagaaral 막까빡아아랄	nakapagaaral 낙까빡아아랄	nakapagaral 낙까빡아랄
makapagusap 막까빡우삽	makapaguusap 막까빡우우삽	nakapaguusap 낙까빡우우삽	nakapagusap 낙까빡우삽
makapagluto 막까빡루또	makapagluluto 막까빡루루또	nakapagluluto 낙까빡룰루또	nakapagluto 낙까빡루또
makapaglinis 막까빡리니스	makapaglilinis 막까빡릴리니스	nakapaglilinis 낙까빡릴리니스	nakapaglinis 낙까빡리니스

- Magkapagaaral ako ng Tagalog bukas. 막까빡아아랄 아꼬 낭 따갈로그 부까스
  나는 내일 따갈로그를 공부할 수 있을 것이다.
  < bukas - 내일 >.

- Makapaglilinis ka ba ng silid mo ngayon? 막까빡릴리니스 까 바 낭 실리드 모 나욘?
  당신은 오늘 당신 방을 청소할 수 있습니까?
  → Makapaglilinis ako ng silid ko ngayon. 마까빡릴리니스 아꼬 낭 실리드 꼬 나욘. (대답)
  나는 오늘 내 방을 청소할 수 있을 것이다.
  < silid - 방 >

- Ang ang makapagluluto mo sa pagkain ng Philipinas? 아노 앙 막까박루루또 모 사 빡까인 낭 뻴리삐나스?
  당신은 필리핀 음식중에서 요리할 수 있는 것이 무엇이냐?
  < ano - 무엇. pagkain - 음식 >
  → Makapagluto ako ng Sinigang. 막까빡루또 아꼬 낭 시니강. (대답)
  나는 시니강을 요리할 수 있습니다.

- Sino ang makapaguusap mo sa ngayon? 시노 앙 마까빡우우삽 모 냐욘?
  당신은 오늘 이야기 할 수 있는 사람은 누구냐?
  < sino - 누구 >
  → Makapaguusap ako sa kanya. 마까빡우우삽 아꼬 사 깐야. (대답)
  나는 그(녀)와 이야기 할 수 있을 것이다.

- Ako ay makapagaaral sa America. 아꼬 아이 마까빡아아랄 사 아메리카.
  → Puwede ako mag-aral sa America. 뿌웨데 아꼬 막 아랄 사 아메리카. (동일한 의미)
  나는 미국에서 공부할 수 있다.

- Sino ang nakapaguusap tungkol sa America? 시노 앙 나까빡우우삽 뚱꼴 사 아메리카?
  누가 미국에 대해 이야기 할 수 있느냐?
  → Si Mario ay nakapaguusap tungkol sa America. 시 마리오 아이 나까빡우우삽 뚱꼴사 아메리카.
  마리오가 미국에 대해 이야기 할 수 있습니다.
  < tungkol sa - 에 관해서. usap - 말하다 >

- Nakapagtetenis ba si Maria? 나까빡떼떼니스 바 시 마리아?
  마리아는 테니스를 칠 수 있느냐?
  → Oo, nakapagtetenis si Maria. 오오, 나까빡떼떼니스 시 마리아.
  예, 마리아는 테니스를 칠 수 있습니다.
  → Hindi nakapagtetenis si Maria. 힌디 나까빡떼떼니스 시 마리아.
  마리아는 테니스를 칠 수 없습니다.

- Nakapaguusap ka ba kay Maria? 나까빡우우삽 까 바 까이 마리아?
  당신은 마리아에게 말할 수 있느냐?

- Nagkapagbubus ka na ba? 나까빡부부스 까 나 바?
  당신은 지금 버스를 탈 수 있느냐?
  → Oo, nagkapagbubus na ako. 오오, 나까빡부부스 나 아꼬.
  예, 나는 지금 버스를 탈수 있습니다.

→ Hindi na ako nagkapagbubus. 힌디 나 아꼬 나까빡부부스.
나는 지금 버스를 탈 수 없습니다.

- Makapagtatrabaho ba ako dito? 막까빡따뜨라바호 바 아꼬 디또?
  나는 여기서 일을 할 수 있느냐?
  → Oo, makapagtatrabaho ka dito. 오오, 마까빡따뜨라바호 까 디또.
  → Oo, puwede ka magtatrabaho dito. 오오, 뿌웨데 까 막따뜨라바호 디또. (동일한 의미)
  예, 너는 여기서 일을 할 수 있다.
  → Hindi ka makapagtatrabaho dito. 힌디 까 마까빡따뜨라바호 디또.
  → Hindi ka puwedeng magtatrabaho dito. 힌디 까 뿌웨뎅 막따뜨라바호 디또. (동일한 의미)
  당신은 여기서 일을 할 수 없다.

- Puwede ba ako maglaro dito? 뿌웨데 바 아꼬 막라로 디또?
  → Magkapaglalaro ba ako dito? 막까빡랄라로 바 아꼬 디또? (동일한 의미)
  나는 여기서 놀 수 있느냐?
  → Oo, puwede ka maglaro dito. 오오, 뿌웨데 까 막라로 디또.
  → Oo, magkapaglalaro ka dito. 오오, 막까빡랄라로 까 디또. (동일한 의미)
  예, 당신은 여기서 놀 수 있다.
  → Hindi ka puwedeng maglaro dito. 힌디 까 뿌웨뎅 막라로 디또.
  → Hindi ka magkapaglalaro dito. 힌디 까 막까빡랄로 디또. (동일한 의미)
  당신은 여기서 놀 수 없다.

key Point

< Ma, Maka, Makapag 동사 변화 예>

1. Ma 동사
   makinig - makikinig - nakikinig - nakinkg
2. Maka 동사(um, ma동사에 사용되는 어근에 사용, 능력을 나타냄)
   makarinig - makarininig - nakaririnig - nakarinig
3. Makapag 동사(mag 동사에 사용하는 어근, 능력을 나타냄)
   makapagaral - makapagaaral - nakapagaaral - nakapagaral

(Ma, maka 및 Makapag 동사는 주로 능동태 문장에서 활용되고 명령형이 없다)

【 할로할로 】

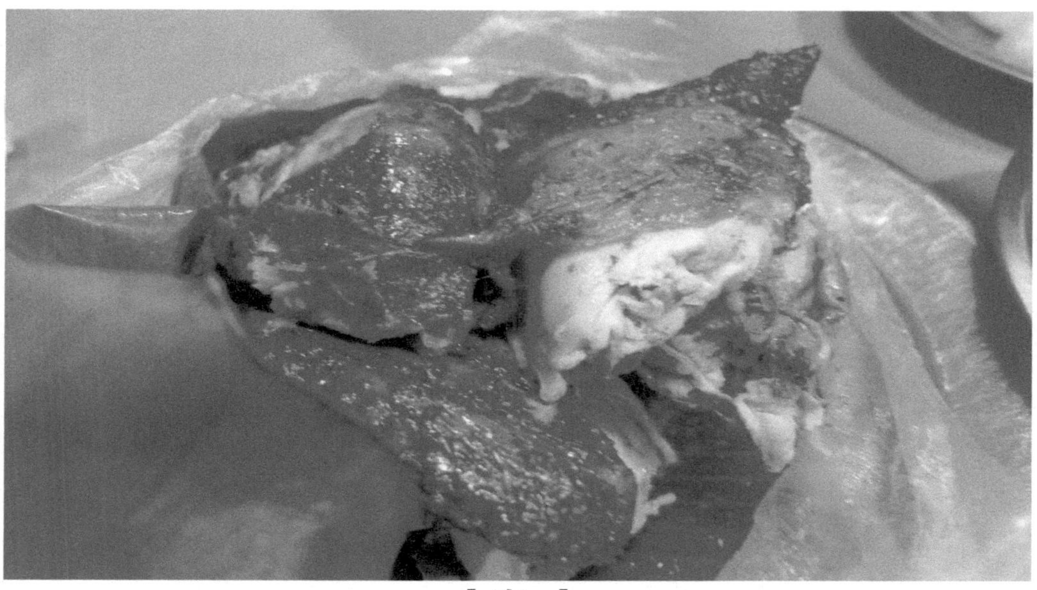

【 마녹 】

11장 In동사 및 I동사

이 장은 수동태 문장에서 많이 사용되는 동사중 대표적인 것으로 자음으로 시작되는 경우와 모음으로 시작되는 경우의 In동사와 I동사에 대해 시제변화와 함께 설명한다.

11-1 In동사

In동사는 직접목적어를 강조하는 동사로서 수동태문장에서 사용된다.

11-1-1 많이 쓰이는 In동사의 예(자음으로 시작)

원형	in동사	의미
kain 까인	kainin 까이닌	먹히다
sabi 사비	sabihin 사비힌	말하여지다
gising 기싱	gisingin 기싱인	깨워지다
gamit 가밋	gamitin 가미띤	사용되다
bago 바고	baguhin 바구힌	바꾸어지다

II-I-2 In동사의 시제변화(자음으로 시작)

In동사(부정사)	미래	현재	과거
원형 + in	첫음절반복 + 어근 + in	반복된 첫음절 + in + 어근	첫 자음 + in
kainin 까이닌	kakainin 까까인인	kinakain 끼나까인	kinain 끼나인
sabihin 사비힌	sasabihin 사사비힌	sinasabi 시나사비	sinabi 시나비
gisingin 기싱인	gigisingin 기기싱인	ginigising 기니기싱	ginising 기니싱
gamitin 가미띤	gagamitin 가가미띤	ginagamit 기나가밋	ginamit 기나밋
baguhin 바구힌	babaguhin 바바구힌	binabago 비나바고	binago 비나고

- Kumain ako ng hapunan sa Korean restrauant. 꾸마인 아꼬 낭 하뿌난 사 코리안 레스토랑. (능동태)
  → Kinain na ko ang hapunan sa Korean restrauant. 끼나인 나 꼬 앙 하뿌난 사 코리안 레스토랑. (수동태)
  나는 한국레스토랑에서 저녁을 먹었습니다.
  < kumain - 먹었다. hapunan - 저녁 >

- Kumakain ako ng Sinigang sa bahay ko. 꾸마까인 아꼬 낭 시니강 사 바하이 꼬.
  나는 내 집에서 시니강을 먹고 있는 중이다. (능동태)
  → Kinakain ko ang Sinigang sa bahay ko. 끼나까인 꼬 앙 시니강 사 바하이 꼬. (수동태)
  < bahay - 집 >

- Sumusulat ako ng aklat. 수무술랏 아꼬 낭 아끌랏.
  나는 책을 쓰고 있다.
  → Sinusulat ko ang aklat. 시누술랏 꼬 앙 아끌랏. (수동형)
  < sulat - 쓰다. aklat - 책 >

(참고)

In 동사(부정사)	미래	현재	과거
sulatin 술라띤	susulatin 수술라띤	sinusulat 시루술랏	sinulat 시눌랏

- Bibili ako ng bagong kotse bukas. 비빌리 아꼬 낭 바공 꼬체 부까스. (능동태)

  나는 내일 새 차를 살 것입니다.

  → Bibilhin ko ang bagong kotse bukas. 비빌힌 꼬 앙 바공 꼬체 부까스. (수동태)

  < bili - 사다. bago - 새로운. kotse - 차. bukas - 내일 >

(참고)

In 동사(부정사)/뜻	미래	현재	과거
bilhin 빌힌/사여지다	bibilhin 비빌힌	binibili 비니빌리	binili 비닐리

- Kakain kami ng karneng baboy. 까까인 까미 낭 까르넹 바보이. (능동태)

  → Kakainin namin ang karneng baboy. 까까인인 나만 앙 까르넹 바보이. (수동태)

  우리는 돼지고기를 먹을 것입니다.

  < karne - 고기. baboy - 돼지 >

- Ano ang sinasabi mo? 아노 앙 시나사비 모?

  당신은 말하는 내용은 무엇이냐?

  < sabi - 읽다. ano - 무엇. mo - 너의 >

II-I-3 많이 쓰이는 In동사의 예(모음으로 시작)

원형	in동사	의미
awit 아윗	awitin 아위띤	노래하여지다
inom 이놈	inumin 이누민	마셔지다

II-I-4 In동사의 시제변화(모음으로 시작)

(참고)

In동사(부정사/원형)	미래	현재	과거
원형+in	첫음절반복+ 어근+in	in+첫음절반복+ 어근	in+어근
awitin 아위띤	aawitin 아아위띤	inaawit 이나아윗	inawit 이나윗
inumin 이누민	iinumin 이이누민	iniinom 인이이놈	ininom 이니놈

- Ininom ko ang tubig. 이니놈 꼬 앙 뚜빅. (수동태)
  - → Uminon ako ng tubig. 우미놈 아꼬 낭 뚜빅. (능동태)
    나는 물을 마셨다.
  - < ko - 나의. tubig - 물. inom - 마시다 >

- Umalis ako ng mesa. 움알리스 아꼬 낭 메사. (능동형)
  - → Inalis ko ang mesa. 인알리스 꼬 앙 메사. (수동형)
    나는 책상을 옮겼다.
  - < alis - 옮기다. mesa - 책상 >

(참고)

In 동사(부정사)/뜻	미래	현재	과거
alisin 알리신/ 옮겨지다	aalisin 아알리신	inaalis 인아알리스	inalis 인날리스

- Aawit ako ng pop-song sa paaralan. 아아윗 아꼬 낭 팝송 사 빠아랄란. (능동태)
  - → Aawitin ko ang pop-song sa paaralan. 아아위띤 꼬 앙 팝송 사 빠아랄란. (수동태)
    나는 학교에서 팝송을 불렀다.
  - < paaralan - 학교. awit - 노래부르다 >

- Uminom ba si Maria ng kape? 우미놈 바 시 마리아 낭 까뻬? (능동태)
  - → Ininom ba ni Maria ang kape? 이니놈 바 니 마리아 앙 까뻬? (수동태)
    마리아는 커피를 마셨습니까?
  - → Oo, uminom si Maria ng kape. 오오, 우미놈 시 마리아 낭 까뻬. (능동태, 긍정문)
  - → Oo, ininom ni Maria ang kape. 오오, 이니놈 니 마리아 앙 까뻬. (수동태, 긍정문)
    예, 마리아는 커피를 마셨습니다.
  - → Hindi si Maria uminom ng kape. 힌디 시 마리아 우미놈 낭 까뻬. (능동태, 부정문)
  - → Hindi ni Maria ininom ang kape. 힌디 니 마리아 이니놈 앙 까뻬. (수동태, 부정문)
    마리아는 커피를 마시지 않았습니다.
  - < kape - 커피 >

II-2 I동사

I동사는 수동형 문장에서 사용되며 어떤 동작을 취하게 한다.

II-2-1 I동사의 예

원형	i동사(원형앞에 I위치)	의미
sama 사마	isama 이사마	수행하다
sulat 술랏	isulat 이술랏	쓰다

II-2-2 시제변화

I동사(부정사/원형)	미래	현재	과거
I+ 원형	I + 첫음절반복+ 어근	I+첫음절반복(첫철자 다음 in)+ 어근	i+첫철자다음 in+ 어근
isama 이사마	isasama 이사사마	isinasama 이시나사마	isinama 이시나마
isulat 이술랏	isusulat 이수술랏	isinusulat 이시누술랏	isinulat 이시눌랏

- Sumulat siya ng papel. 수물랏 샤 낭 빠뻴. (능동태)
  → Isinulat niya ang papel. 이시눌랏 냐 앙 빠뻴. (수동태)
  그는 편지를 썼다.
  < sulat - 쓰다. papel - 문서, 편지 >

- Magluluto ako ng isda bukas ng gabi para sa kanya. 막룰루또 아꼬 낭 이스다 부까스 낭 가비 빠라 사 깐야. (능동태)
  → Iluluto ko ang isda bukas ng gabi para sa kanya. 일룰루또 꼬 앙 이스다 부까스 낭 가비 빠라 사 깐야. (수동태)
  나는 내일 밤 그녀를 위해서 생선요리를 할 것이다.
  < magluto - 요리하다. isda - 생선. gabi - 밤 >

- Sumama ako ni Maria. 수마마 아꼬 니 마리아. (능동태)
  → Isinama ko si Maria. 이시나마 꼬 시 마리아. (수동태)
  나는 마리아와 동행했다.
  < sama - 동행하다 >

- Bakit ka bang magluluto ng Lechon? 바낏 까 방 막룰루또 낭 레촌? (능동태)
  →Bakit mo bang iluluto ang Lechon? 바낏 모방 일루루또 앙 레촌? (수동태)
  왜 당신은 레촌을 요리할려고 합니까?
  → Dahil gusto kong Lechon. 다힐 구스또 꽁 레촌.
  나는 레촌을 좋아하기 때문입니다.

- Sa sino ka ba sumulat? 사 시노 까 바 수물랏?
  당신은 누구에게 편지를 썼습니까?
  → Sumulat ako sa kanya. 수물랏 아꼬 사 깐야. (능동태)
  → Isinulat ko siya. 이시눌랏 꼬 샤. (수동태)
  나는 그에게 편지를 썼습니다.
  < kanya - 그(녀)에게. siya - 그(녀) >

상황 : Mario(B)가 Smith(A)에게 Maria(C)를 소개함.

- B ; Ako si Mario. 아꼬 아이 마리오.
  나는 마리오입니다.

- A; Sinasabi ko si Smith. 시나사비 꼬 시 스미스.
  나는 스미스라고 불려집니다.
  < ko - 나의 >

- B ; Ito'y kaibigan ko, si Maria. 이또이 까이비간 꼬 시 마리아.
  이분은 나의 친구 마리아입니다.
  < kaibigan - 친구 >

- C ; Kumusta ka? si Maria ako. 꾸무스따 까? 시 마리아 아꼬.
  안녕하셔요? 나는 마리아입니다.

- A ; Ilang taon ka ba? 일랑 따온 까 바?
  < Ilang - 몇. taon -년(year) >

- C ; Ako ay dalawampu't limang taon. 아꼬 아이 달라왐뿟 리망 따온.
  나는 25살입니다.

- A; Saan ka pupunta ngayon? 사안 까 뿌뿐따 나욘?
  당신은 오늘 어디로 갈 것이냐?
  < saan - 어디로. punta - 가다. ngayon - 오늘 >

- C ; Pupunta ako sa Marikina ngayon. 뿌뿐따 아꼬 사 마리끼나 나욘.
  나는 오늘 마리끼나에 갈 것입니다.
  < punta - 가다. ako - 나. ngayon - 오늘 >

- A ; Paano ka pupunta? 빠아노 까 뿌뿐따?
  어떻게 갈 것이냐?
  < paano - 어떻게. punta - 가다 >

- C ; Magbubus ako sa Marikina ngayon. 막부부스 아꼬 사 마리끼나 나욘.
  나는 오늘 마리끼나에 버스타고 갈 것이다.

- A ; Masaya ako sa pagkita sa iyo ngayon. 마싸야 아꼬 사 빡끼따 사 이요 나욘.
  나는 오늘 당신을 만나서 기뻤습니다.
  < masaya - 행복한. iyo - 당신의 >

- A ; At pakisabi hello sa ina mo. 앗 빠끼사비 헬로 사 이나 모.
  그리고 당신 어머니께 안부 전해주셔요.
  < at - 그리고. pakisabi - 전해주셔요. ina - 어머니. mo - 너의 >

- C ; Salamat po. Sasabihin ko. 살라맛 뽀. 사사비힌 꼬.
  감사합니다. 그렇게 전하겠습니다.

key Point

< In 동사와 I동사의 시제변화 예>

1. In 동사(원형의 첫 글자가 자음인 경우와 모음인 경우)
   kainin - kakainin - kinakain - kinain
   awitin - aawitin - inaawit - inawit
2. I 동사
   isama - isasama - isinasama - isinama

(I 동사와 In동사는 직접목적어를 강조하는 동사로서 수동형 문장에서 사용되며, I동사는 어떤 동작을 취하게 된다.

【 불랄로】

【시푸드】

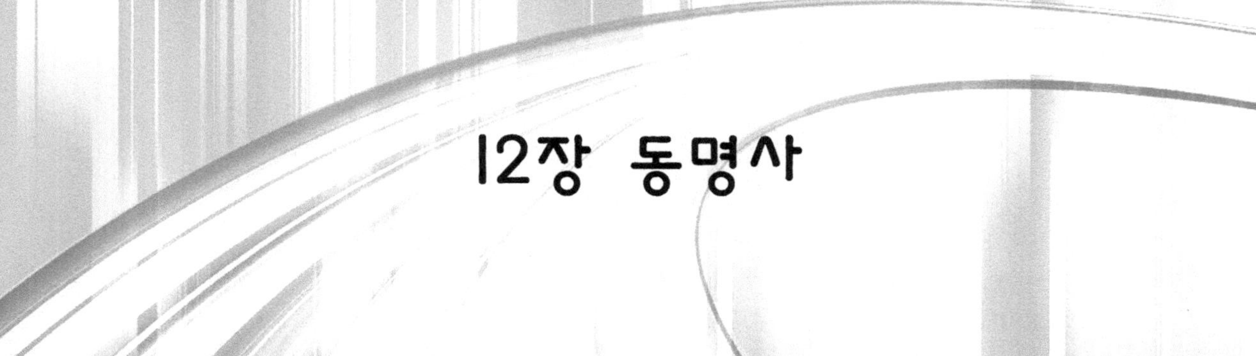

12장 동명사

이 장은 동사중 Um동사, Mag동사, Ma동사의 동명사에 대한 내용으로
'~하는 것'를 나타낸다.

12-1 Um동사

Um동사의 동명사는 동사의 어근에 Pag을 합치면 된다

예) lakad (걷다) → paglakad (걷는 것)
takbo (뛰다) → pagtakbo (뛰는 것)

- Ang paglakad ay masaya sa akin. 앙 빡라까드 아이 마싸야 사 아낀.
  걷는다는 것은 나한테 행복하다.
  < lakad - 걷다. masaya - 행복한 >

- Bakit ka mahiya? 바낏 까 마히야?
  당신은 왜 수줍어하느냐?
  → Mahiya ako sa pagsayaw. 마히야 아꼬 사 빡사야우. (대답)
  춤추는 것 때문에 나는 수줍다.
  < mahiya - 수줍어하다. sayaw - 춤추다 >

- Mahirap tayo ng pagtakbo araw-araw. 마히랍 따요 낭 빡딱보 아라우 아라우.
  매일 뛴다는 것은 우리는 어렵다.
  < mahirap - 어려운. takbo 딱보 - 뛰다. araw-araw ; 매일 >

◆ Mabuti ang paglakad sa atin. 마부띠 앙 빡라까드 사 아띤.
걷는다는 것은 우리들에게 좋다.
< mabuti - 좋은. atin - 우리들 >

◆ Ang pagkain ba importante sa atin? 앙 빡까인 바 임뽀르딴떼 사 아띤?
먹는다는 것은 우리에게 중요합니까?
→ Oo, ang pagkain ay importante sa atin. 오오, 앙 빡까인 아이 임뽀르딴떼 사 아띤.
예, 먹는다는 것은 우리에게 중요합니다.
→ Hindi na ang pagkain importante sa atin. 힌디 나 앙 빡까인 임뽀르딴떼 사 아띤.
먹는다는 것은 이미 우리에게 중요하지 않습니다.
< kain - 먹다 >

◆ Marami akong pagsulat sa nanay ko. 마라미 아꽁 빡술랏 사 나나이 꼬.
나는 나의 어머니에게 많이 편지를 씁니다.
< nanay - 어머니. sulat - 쓰다. marami - 많은>

◆ Gusto mo ba ang paglakad? 구스또 모 방 앙 빡라까드?
당신은 걷는 것을 좋아하느냐?
→ Oo, gusto ko ang paglakad. 오오, 구스또 꼬 앙 빡라까드.
예, 나는 걷는 것을 좋아합니다.
→ Hindi ko gusto ang paglakad. 힌디 꼬 구스또 앙 빡라까드.
나는 것는 것을 좋아하지 않습니다.
→ Alin ang gusto mo ng paglakad o pagtakbo? 알린 앙 구스또 모 낭 빡라까드 오 빡딱보?
걷는 것과 뛰는 것중 당신은 어느 것을 좋아하느냐?
→ Mas gusto ko ang pagtakbo kaysa sa paglakad. 마스 구스또 꼬 앙 빡딱보 께사 사 빡라까드.
뛰는 것이 걷는 것보다 내가 더 좋아하는 것이다.
< takbo - 뛰다. lakad - 걷다. gusto - 좋아하다 >

◆ Mahirap ang pagdating dito ngayon. 마히랍 앙 빡다띵 디또 나욘.
지금 여기에 도착한다는 것은 어렵다.
< dating - 도착하다. mahirap - 어려운. dito - 어려운 >

- Gusto mo ba ang pagkanta? 구스또 모 방 빡깐따?
  당신은 노래부르는 것을 좋아하느냐?
  → Oo, gusto kong pagkanta. 오오, 구스또 꽁 빡깐따.
  예, 나는 노래부르는 것을 좋아합니다.
  → Hindi ko gustong pagkanta. 힌디 꼬 구스똥 빡깐따.
  나는 노래부르는 것을 좋아하지 않습니다.
  < kanta - 노래 부르다 >

12-2 Mag동사

Mag동사의 동명사는 어근을 첫음절을 동사의 어근에 더하고 앞에 Pag을 합치면 된다.

예) laro (놀다) → paglalaro (노는 것)
aral (공부하다) → pagaaral (공부하는 것)

- Ang pagtetenis ay mahirap sa kanya. 앙 빡떼떼니스 아이 마히랍 사 깐야.
  테니스한다는 것은 그(그녀)에게 어렵다.
  → Mahirap ang pagtetenis sa kanya. 마히랍 앙 빡떼떼니스 사 깐야. (주어적 문장)
- Mahirap ako ng pagaaral ng Tagalog araw-araw. 마히랍 아꼬 낭 빡아아랄 낭 따갈로그 아라우-아라우.
  나는 매일 따갈로그를 공부한다는 것은 어렵다.
  → Ako ay mahirap ng pagaaral ng Tagalog araw-araw. 아꼬 아이 마히랍 낭 빡아아랄 낭 따갈로그 아라우-아라우. (주어적 문장)
  < aral - 공부하다. mahirap - 어려운 >
- Masaya ang paglalaro kasama kaibigan ko sa akin. 마사야 앙 빡랄라로 까사마 까이비간 꼬 사 아낀.
  나의 친구와 함께 노는 것은 나한테는 즐겁다.
  < laro - 놀다. kasama - 함께 >

- Kailangan mo ang pagkakain na tatlong beses sa isang araw. 께랑안 모 앙 빡까까인 나 따뜰롱 베세스 사 이상 아라우.
  당신은 하루에 세 번 음식을 먹는 것이 필요하다.
  < kailangan - 필요하다. beses - 번. araw - 날 >

- Gusto mo ba ang pagluluto? 구스또 모 방 앙 빡룰루또?
  당신은 요리하는 것을 좋아하느냐?
  → Oo, gusto ko ang pagluluto. 오오, 구스또 꼬 앙 빡룰루또.
  예, 나는 요리하는 것을 좋아합니다.
  → Hindi ko gusto ang pagluluto. 힌디 꼬 구스또 앙 빡룰루또.
  나는 요리하는 것을 좋아하지 않습니다.
  → Gusto ba ni Maria ang pagluluto? 구스또 방 니 마리아 앙 '빡룰루또?
  마리아는 요리하는 것을 좋아하느냐?
  → Oo, gusto ni Maria ang pagluluto. 오오, 구스또 니 마리아 앙 빡룰루또.
  예, 마리아는 요리하는 것을 좋아합니다.
  < luto - 요리하다 >

- Kailangan mo ba ang pagbubus? 께랑안 모 바 앙 빡부부스?
  당신은 버스타는 것이 필요합니까?
  → Oo, kailangan ko ang pagbubus. 오오, 께랑안 꼬 앙 빡부부스.
  예, 나는 버스타는 것이 필요합니다.
  → Kailangan ni Maria ang pagbubus? 께랑안 니 마리아 앙 빡부부스?
  마리아는 버스타는 것이 필요합니까?
  → Hindi ni Maria kailangan ang pagbubus. 힌디 니 마리아 께랑안 앙 빡부부스.
  마리아는 버스타는 것이 필요하지 않습니다.

- Puwede ka na ba ng paglalaro? 뿌웨데 까 나 바 낭 빡랄라로?
  당신은 지금 놀 수 있습니까?
  → Oo, puwede na ako ng paglalaro. 오오, 뿌웨데 나 아꼬 낭 빡랄라로.
  예, 나는 지금 놀 수 있습니다.
  < laro - 놀다 >

12-3 Ma동사

다음과 같이 어근 앞에 Pag와 Pagka를 더한다.

12-3-1 보통 동작을 나타낼 때 어근 앞에 Pag을 첨가한다.

예) tulog (잠자다) → pagtulog (잠자는 것)

- Kailangan ka ang pagtulog. 케랑안 까 앙 빡뚜록.
  너는 잠자는 것이 필요하다.
  < kailangan - 필요하다. ka 까 - 너의. pagtulog - 잠자는 것. mo - 너의 >

- Sino ang pagkinig? 시노 앙 빡끼닉?
  듣고 있는 사람은 누구냐?
  → Si Mario ang pagkinig. 시 마리오 앙 빡끼닉.
  듣고 있는 사람은 마리오이다.

- Gusto mo ba ang pagligo? 구스또 모 방 앙 빡리고?
  당신은 목욕하는 것을 좋아하느냐?
  → Oo. gusto ko ang pagligo. 오오, 구스또 꼬 앙 빡리고.
  예, 나는 목욕하는 것을 좋아합니다.
  → Gusto ba niya ang pagligo? 구스또 바 냐 앙 빡리고?
  그는 목욕하는 것을 좋아하느냐?
  → Hindi niya gusto ang pagligo. 힌디 냐 구스또 앙 빡리고.
  그는 목욕하는 것을 좋아하지 않습니다.
  < ligo - 목욕하다 >

- Sino ang pagtulog? 시노 앙 빡뚤록?
  잠자는 사람은 누구냐?
  → Si Smith ang pagtulog. 시 스미스 앙 빡뚤록.
  잠자는 사람은 스미스이다.
  → Gusto ba ni Smith ang pagtulog? 구스또 바 니 스미스 앙 빡뚤록?
  스미스는 잠자는 것을 좋아하느냐?

→ Gusto ni Smith ang pagtulog. 구스또 니 스미스 앙 빡뚤록.
스미스는 잠자는 것을 좋아한다.
< tulog - 잠자다 >

12-3-2 보통 감정을 표현할때 어근 앞에 Pagka를 첨가한다.

예) lungkot (슬프다) → pagkalungkot (슬프하는 것)

- Bakit ka malungkot? 바낏 까 말룽꼿?
  왜 당신은 슬픕니까?
  → Ang pagkalungkot ko ay sa pag-aalis nila. 앙 빡까룽꼿 꼬 아이 사 빡아알리스 닐라.
  → Sa pag-alis nila ang pagkalungkot ko. 사 빡알리스 닐라 앙 빡까룽꼿 꼬. (술어적 문장)
  내가 슬픈 것은 그들이 떠났기 때문이다.
  < alis - 떠나다. malungkot - 슬픈 >

- Hindi ba masaya ang pagkagalit sa akin? 힌디 바 마사야 앙 빡까갈릿 사 아낀?
  화를 낸다는 것은 우리에게 행복하지 않습니까?
  → Oo, hindi masaya ang pagkagalit sa akin. 오오, 힌디 마사야 앙 빡까갈릿 사 아낀.
  예, 화를 낸다는 것은 우리에게 행복하지 않습니다.

- Sino ang pagkagalit? 시노 앙 빡까갈릿?
  누가 화를 내고 있는 것입니까?
  → Si Mario ang pagkagalit. 시 마리오 앙 빡까갈릿.
  화를 내는 것은 마리오입니다.
  < galit - 화를 내다 >

key Point

< Um, Mag, Ma 동사의 동명사 >

1. Um 동사
   동사의 어근에 Pag을 붙이면 된다.
   예) paglakad, pagtakbo
2. Mag 동사
   동사의 어근에 어근의 첫음절을 합쳐 Pag을 합친다.
   예) pagtetenis, pagaaral
3. Ma 동사
   동작표현 Ma - 어근앞에 pag을 첨가한다.
   예) pagtulog
   감정표현 Ma - 어근앞에 pagka를 붙인다.
   예) pagkalungkot

(따갈로그에 있어 동명사는 동사의 종류에 따라 어근에 Pag, Pagka 등을 붙이면 된다.)

【 수퍼마켓 】

【 자동차 전시회 】

13장 많이 사용되는 표현

이 장은 따갈로그 대화시 많이 표현되는 명령, 권유, 능력, 존재성, 소유, 소속, 호/불호성, Kita/Makita 사용, 놀람의 표현, 간단한 기본문장 등의 중심으로 설명한다.

13-1 명령, 권유

무엇을 요청할 때 동사만 표현하면 된다. 이것을 부정할 때 Huwag을 붙이면 된다.

내용	명령	부정명령	권유	부정권유
따갈로그	원형	Huwag 후왁	Tayo 따요	Huwag tayo 후왁 따요

- Magkita. 막끼따 ; 만나세요. (명령)
  → Huwag magkita. 후왁 막끼따. (부정명령)
  만나지 마세요.
  → Magkita tayo. 막끼따 따요. 만납시다.(권유)
  → Huwag tayo magkita.후왁 따요 막끼따. (부정권유)
  만나지 맙시다.
  → Puwede ako magkita (sa iyo). 뿌웨데 아꼬 막끼따 (사 이요). (능력)
  나는 (너를) 만날 수 있다.

- Alis. 알리스 ; 떠나세요. (명령)
  → Huwag umalis. 후왁 움알리스. (부정명령)
  떠나지 마세요.

→ Umalis tayo. 움알리스 따요. (권유)
→ Tayo na. 따요 나. (동일한 표현)
떠납시다.
→ Huwag tayo umalis. 후왁 따요 움알리스. (부정권유)
떠나지 맙시다.
→ Puwede ako umalis. 뿌웨데 아꼬 움알리스.
나는 떠날 수 있다.

- Laro! 날로 ; 노세요.
→ Huwag maglaro. 후왁 막날로.
놀지 마세요.
→ Maglaro tayo. 막라로 따요.
놉시다.
→ Huwag tayo maglaro. 후왁 따요 막라로.
놀지 맙시다.
→ Puwede ako maglaro. 뿌웨데 아꼬 막라로.
나는 놀 수 있다.

- Punta! 뿐따 ; 가셔요.
→ Huwag punta. 후왁 뿐따.
가지 마셔요.
→ Pumunta tayo (doon). 뿌뿐다 따요 (돈).
(저쪽에) 갑시다.
→ Huwag tayo pumunta (doon). 후왁 따요 뿌뿐따 (돈).
(저쪽에) 가지 맙시다.
→ Puwede ako pumunta (doon). 뿌웨데 아꼬 뿌문따 (돈).
나는 (저쪽에) 갈 수 있다.
< doon - 저쪽 >

- Basa! 바사 ; 읽으세요.
→ Huwag basa! 후왁 바사.
읽지 마세요.
→ Bumasa tayo! 부마사 따요.
읽읍시다.

→ Huwag tayo bumasa. 후왁 따요 부마사.
읽지 맙시다.
→ Puwede ako bumasa (ng Tagalog). 뿌웨데 아꼬 부마사 (낭 따갈로그).
나는 (따갈로그를) 읽을 수 있다.

13-2 능력

능력을 나타낼 때는 Puwede를 붙이면 된다.

- Puwede akong lumakad. 뿨데 아꽁 루마까드.
  나는 걸을 수 있다.
  < lumakad - 걷다 >

- Puwede siyang maglinis. 뿨데 샹 막리니스.
  그(녀)는 청소할 수 있다.
  < maglinis - 청소하다 >

- Puwede ba siya tumakbo? 뿨데 바 샤 뚜막보?
  그(녀)는 뛸 수 있습니까?
  < tumakbo - 뛰다 >

- Puwede ka bang kumain ng Sinigang? 뿨데 까 방 꾸마인 낭 시니강?
  당신은 시니강을 먹을 수 있습니까?
  < kumain -먹다. ka - 너, 당신 >

- Puwede mo ba siyang tawagan? 뿨데 모 바 샹 따와간?
  당신은 그(녀)에게 전화할 수 있습니까?
  < mo - 너의. tawagan - 전화하다 >

- Saan ba ako puwedeng kumain? 사안 바 아꼬 뿨뎅 꾸마인?
  나는 어디서 먹을 수 있느냐?
  < saan - 어디 >

- Puwede ka bang magluto ng Ramen? 뿌웨데 까 방 막루또 낭 라면?
  당신은 라면을 요리할 수 있느냐?
  → Oo, puwede akong magluto ng Ramen. 오오, 뿌웨데 아꽁 막루또 낭 라면.
  예, 나는 라면을 요리할 수 있습니다.
  → Hindi ako puwedeng magluto ng Ramen. 힌디 아꼬 뿌웨뎅 막루또 낭 라면.
  나는 라면을 요리할 수 없습니다.
  → Hindi ka ba puwedeng magluto ng Ramen? 힌디 까 바 뿌웨뎅 까 방 막루또 낭 라면?
  당신은 라면을 요리할 수 없느냐?
  → Oo, hindi ako puwedeng magluto ng Ramen. 오오, 힌디 아꼬 뿌웨데 아꽁 막루또 낭 라면.
  예, 나는 라면을 요리할 수 없습니다

- Hindi siya puwedeng lumangoy. 힌디 샤 뿌웨뎅 루망오이.
  그(녀)는 수영할 수 없다.
  < lumangoy - 수영하다 >

- Puwede mo bang lutuin ito? 뿌웨데 모 방 루뚜인 이또?
  당신은 이것을 요리할 수 있느냐?
  < lutuin - 요리하다 >

- Hindi ako puwedeng maglaro ng baseball. 힌디 아꼬 뿌웨뎅 막라로 낭 베이스볼.
  나는 야구를 할 수 없다.
  < maglaro - 놀다 >

- Puwede siya kumain ng almusal, pero hindi siya puwedeng kumain ng hapunan.
  뿌웨데 샤 꾸마인 낭 알무살 뻬로 힌디 샤 뿌웨뎅 꾸마인 낭 하뿌난.
  그(녀)는 아침을 먹을 수 있지만 점심은 먹을 수 없다.
  < almusal - 아침. hapunan - 점심 >

- Puwede akong maglaro ng soccer. 뿌웨데 아꽁 막라로 낭 사커.
  나는 축구를 할 수 있다.
  < maglaro - 놀다 >

13-3 존재성/소유

13-3-1 존재

존재성을 나타내는 단에에는 May, Mayroon, Meron, Wala등이 있다.
이중 May, Mayroon, Meron등은 '있다'의 뜻이고 Wala는 '없다'라는 의미이다.

가. Meron은 Mayroon의 용법과 동일하고 문장에서는 연결어와 함께 사용한다.

- Merong kotse sa garahe. 메롱 꼬체 사 가라헤.
  → Mayroong kotse sa garahe. 마이롱 꼬체 사 가라헤. (동일한 표현)
  차고에 차가 있습니다.
  < kotse - 차. garahe - 차고 >

- Merong lapis si Maria. 메롱 라삐스 시 마리아.
  → Mayroong lapis si Maria. 메롱 라삐스 시 마리아. (동일한 표현)
  마리아는 연필을 가지고 있습니다.
  < lapis-연필 >

- Merong mga tao sa labas. 메롱 망아 따오 살라바스.
  밖에 사람들이 있습니다.
  < mga tao - 사람들 >

나. Mayroon/Meron과 May는 같은 의미로서 Mayroon/Meron은 독립적으로 사용 가능하나 May는 독립적으로 사용되지 않는다.

- Meron akong mga libro ng Tagalog. 메론 아꽁 망아 미브로 낭 따갈로그.
  → Mayroon akong mga libro ng Tagalog. 메론 아꽁 망아 리브로 낭 따갈로그. (동일한 표현)
  나는 따갈로그 책들을 가지고 있습니다.
  < libro - 책 >

- May lapis ako. 마이 라삐스 아꼬.
  → Meron akong lapis. 메론 아꽁 라삐스. (동일한 표현)

→ Mayroon akong lapis. 메론 아꽁 라삐스. (동일한 표현)
나는 연필을 가지고 있습니다.
< lapis-연필 >

- May kotse ang tatay niya. 마이 꼬체 앙 따따이 냐.
  → Mayroong kotse ang tatay niya. 메롱 꼬체 앙 따따이 냐. (동일한 표현)
  → Merong kotse ang tatay niya. 메롱 꼬체 앙 따따이 냐. (동일한 표현)
  그(녀)의 아버지는 차를 가지고 있습니다.
  < tatay - 아버지 >

- May bahay siya. 마이 바하이 샤.
  → Meron siyang bahay. 메론 샹 바하이. (동일한 표현)
  → Mayroon siyang bahay. 메론 샹 바하이. (동일한 표현)
  그(녀)는 집이 있다.

다. Mayroon/Meron과 May사용시의 의문을 나타낼 때는 역시 ba를 사용한다.

- Meron bang kotse sa garahe? 메론 방 꼬체 사 가라헤?
  → Mayroon bang kotse sa garahe? 메론 방 꼬체 사 가라헤? (동일한 표현)
  → May kotse ba sa garahe? 마이 꼬체 바 사 가라헤? (동일한 표현)
  차고에 차가 있습니까?
  →(질문에 대한 대답) ① Oo, merong kotse sa garahe. 오오, 메롱 꼬체 사 가라헤.
  ② Oo, mayroong kotse sa garahe. 오오, 메롱 꼬체 사 가라헤. (동일한 표현)
  ③ Oo, may kotse sa garahe. 오오, 마이 꼬체 사 가라헤. (동일한 표현)
  예, 차고에 차가 있습니다.

- May bolpen ka ba? 마이 볼펜 까 바?
  → Mayroon ka bang bolpen? 마이론 까 방 볼펜? (동일한 표현)
  → Meron ka bang bolpen? 마이론 까 방 볼펜? (동일한 표현)
  당신은 볼펜을 가지고 있습니까?
  < bolpen-볼펜 >
  →(질문에 대한 간단한 긍정대답) ① Mayroon. 마이론.
  ② Meron. 메론. (동일한 표현)
  ③ Oo. 오오. (동일한 표현)

있습니다.
→ (질문에 대한 간단한 부정대답) Wala. 왈라.
없습니다.

◆ Mayroon ba siyang papel? 메론 바 샹 빠뻴?
그(녀)는 종이를 가지고 있습니까?
→ Oo, mayroon siyang papel. 마이론 샹 빠뻴. (긍정대답)
예, 그(녀)는 종이를 가지고 있습니다.
< papel - 종이 >

◆ May kaibigan ako dito. 마이 까이비간 아꼬 이또.
→ Meron akong kaibigan dito. 메론 아꽁 까이비간 디또. (동일한 표현)
→ Ako ay may kaibigan dito. 아꼬 아이 마이 까이비간 디또. (동일한 표현, 술어적 문장)
나는 여기에 친구가 있습니다.
< kaibigan - 친구 >

◆ Si Maria ay may magandang mukha. 시 마리아 아이 마이 마간당 묵하.
→ May magandang mukha si Maria. 마이 마간당 묵하 시 마리아. (술어적 문장)
마리아는 아름다운 얼굴을 가지고 있습니다.
< mukha - 얼굴 >

◆ May mabait na tao dito. 마이 마바잇 나 따오 디또.
여기에 친절한 사람이 있습니다.
< tao - 사람 >

◆ Si Maria ay may bagong aklat. 시 마리아 아이 마이 바공 아끌랏.
→ May bagong aklat si Maria. 마이 바공 아끌랏 시 마리아. (주어적 문장)
마리아는 새 책을 가지고 있습니다.
< aklat - 책. bago - 책 >

◆ Mayroon ka bang aklat ng Tagalog? 메론 까 방 아끌랏 낭 따갈로그?
→ May aklat ka bang Tagalog ? 마이 아끌랏 까 바 낭 따갈로그? (동일한 표현)
당신은 따갈로그 책이 있습니까?

- Mayroon din ba siyang aklat ng Tagalog? 마이론 딘 바 샹 아끌랏 낭 따갈로그?
  그녀 역시 따갈로그 책을 가지고 있습니까?
  < din - 역시 >

- Meron po ba kayong bagong baro? 메론 뽀 바 까용 바공 바로?
  → May bagong baro po ba kayo? 마이 바공 바로 뽀 바 까요? (동일한 표현)
  당신은 새 옷이 있습니까?
  < bago - 새로운. baro - 옷 >

- Mayroon akong mabait na kaibigan. 마이론 아꽁 마바잇 나 까이비간.
  나는 친절한 친구가 있습니다.

- Mayroon kaming masipag na ama. 마이론 까밍 마시빡 나 아마.
  우리는 근면한 아버지가 있습니다.
  < kami - 우리. ama - 아버지 >

13-3-2 비존재

Wala는 '없다'는 뜻으로 Mayroon/Meron의 용법과 동일하다.

- Walang masanas. 왈랑 만사나스.
  사과가 없습니다.
  < masanas-사과 >

- Walang masanas si Maria. 왈랑 만사나스 시 마리아.
  마리아는 사과를 가지고 있지 않습니다.

- Walang mansanas ang lalaki. 왈랑 만사나스 앙 랄라끼.
  그 남자는 사과를 가지고 있지 않습니다.

- Wala akong payong. 왈라 아꽁 빠용.
  나는 우산이 없습니다.

- Wala ka bang payong? 왈라 까 방 빠용?
  당신은 우산이 없습니까?

< payong - 우산 >

- May magandang kaibigan ka ba? 마이 마간당 까이비간 까 바?
  당신은 좋은 친구가 있습니까?
  → Wala akong magandang kaibigan. 왈라 아꽁 마간당 까이비간. (대답)
  나는 좋은 친구가 없습니다.

- May kaibigan ka ba? 마이 까이비간 까 바?
  당신은 친구가 있습니까?
  → Wala akong kaibigan. 왈라 아꽁 까이비간. (대답)
  나는 친구가 없습니다.
  < kaibigan - 친구 >

- Walang tao dito. 왈랑 따오 디또.
  여기에 사람이 없습니다.
  < tao - 사람 >

13-4 특정사물의 소속

Kanino(whose)는 '누구의 것'의 의미로서 다음에 명사 및 대명사, ang등이 올 때 다음과 같이 표현된다.

- Kanino ito? 까니노 이또?
  이것은 누구의 것이냐?

- Kanino ang malaking bahay? 까니노 앙 말라낑 바하이?
  그 큰 집은 누구의 것입니까?
  < malaki - 큰 >

- Kaninong bahay ito? 까니농 바하이 이또?
  이것이 누구의 집이냐?

- Kaninong lapis iyan? 까니농 라삐스 얀?
  저것은 누구의 연필이냐?
  → Lapis ko iyan. 라삐스 꼬 얀. (질문에 대한 답변)
  저것은 나의 연필이다.
  → Lapis ko po iyan. 라삐스 꼬 뽀 얀. (질문에 대한 답변; po 사용)
  저것은 나의 연필입니다.
  < lapis - 연필>

- Kanino ang bahay? 까니노 앙 바하이?
  그 집은 누구의 것이냐?

- Kaninong mansanas ito? 까니농 만사나스 이또?
  이것은 누구의 사과이냐?
  → Kanino ang mansanas na ito? 까니노 앙 만사나스 나 이또? (kanino 사용)
  이 사과는 누구의 것이냐?
  < mansanas-사과 >

이러한 kanino는 형용사와 함께 사용가능하다.

- Kaninong bahay ang magandang bahay? 까니농 바하이 앙 마간당 바하이?
  그 아름다운 집은 누구의 집이냐?
  → Bahay niya ang magandang bahay. 바하이 냐 앙 마간당 바하이. (질문에 대한 답변)
  그 아름다운 집은 그(녀)의 집입니다.

- Kanino ang maliit na payong na ito? 까니노 앙 말리잇 빠용 나 이또?
  이 작은 우산은 누구의 것이냐?
  → Sa kanya ang maliit na payong. 사 깐야 앙 말리잇 나 빠용. (질문에 대한 답변)
  그 작은 우산은 그(녀)의 우산이다.
  < payong - 우산. maliit - 작은 >

(Kanino는 지시대명사와 함께 사용될 수 있다. 이에 대한 대답으로 인명에 대해서는 kay, 보통명사일때는 sa를 사용한다.)

- Kaninong bolpen iyan? 까니농 볼펜 얀?
  저것은 누구의 볼펜이냐?
  → Kay Maria ito. 까이 마리아 이또. (질문에 대한 답변)
  이것은 마리아의 것이다.

- Kaninong bolpen iyon? 까니농 볼펜 욘?
  저것은 누구의 볼펜이냐?
  → Kay John iyon. 까이 쟌 욘. (질문에 대한 답변)
  저것은 쟌의 것이다.

- Kaninong bolpen ito? 까니농 볼펜 이또?
  이것은 누구의 볼펜이냐?
  → Sa tatay niya iyan. 사 따따이 냐 얀. (질문에 대한 답변)
  저것은 그(녀)의 아버지의 것이다.

- Kanino ang bolpen? 까니노 앙 볼펜?
  그 볼펜은 누구의 것이냐?
  → Sa kanya ang bolpen. 사 깐야 앙 볼펜.
  그 볼펜은 그의 것이다.
  < bolpen -볼펜 >

13-5 호/불호성

13-5-1 호

'좋아하다'에는 Gusto를 사용한다.

- Gusto ko siya. 구스또 샤.
  나는 그(녀)를 좋아한다.

- Gusto ko ang pagluto. 구스또 꼬 앙 빡루또.
  나는 요리하는 것을 좋아한다.
  < gusto - 좋아하다, 원하다. luto - 요리하다 >

- Gusto niyang lumabas. 구스또 냥 루마바스.
  그(녀)는 밖에 나가는 것을 좋아한다.

- Gusto kita. 구스또 끼따.
  나는 너를 좋아한다.
  < lumabas - 밖에 나가다 >

- Gusto niyang lumakad nag-iisa. 구스또 냥 루마까드 낙-이이사.
  그(녀)는 혼자 걷는 것을 좋아한다.
  < magluto - 요리하다. lumakad - 걷다. nag-iisa - 혼자 >

- Gustong magaral ni Mario bagong matulog. 구스똥 막아랄 니 마리오 바공 마뚜록.
  마리오는 자기 전에 공부하는 것을 좋아한다.
  < magaral - 공부하다. bago - 전에. matulog - 잠자다 >

13-5-2 불호

'싫어하다'에는 Ayaw를 사용한다.

- Ayaw ko ito. 아야우 꼬 이또
  → Ayoko ito. 아요꼬 이또. (동일한 표현)
  나는 이것을 싫어한다.
  < ayaw - 싫어하다. ayoko - 'ayaw ko'와 같은 말 >

- Ayokong Halo-Halo. 아요꽁 할로할로.
  → Ayaw kong Halo-Halo. 아야우 꽁 할로할로. (동일한 표현)
  나는 그 할로할로를 싫어한다.

- Ayokong uminom. 아요꽁 우미놈.
  → Ayaw kong uminom. 아야우 꽁 우미놈. (동일한 표현)
  나는 마시는 것을 싫어한다.
  < uminom - 마시다 >

- Ayokong bumili. 아요꽁 부밀리.
  → Ayaw kong bumili. 아야우 꽁 부밀리. (동일한 표현)
  나는 사는 것을 싫어한다.
  < bumili - 사다 >

- Ayaw niyang lumakad. 아야우 냥 루마까드. (동일한 표현)
  그는 걷는 것을 싫어한다.
  < lumakad - 걷다 >

- Ayaw nilang sumayaw. 아야우 닐랑 수마야우.
  그들은 춤추는 것을 싫어한다.
  < sumayaw - 수영하다 >

- Ayaw mo bang tumakbo? 아야우 모 방 뚜막뽀?
  당신은 뛰는 것을 싫어하느냐?
  < tumakbo - 뛰다 >

13-6 Kita, Makita

13-6-1 Kita 사용

나는 당신의 동료입니다'를 주어적 문장으로 다음 ①, ②문장으로 표현된다.

① Ikaw ay kasama ko. 이까우 아이 까사마 꼬.
② Ikaw ay aking kasama. 이까우 아이 아낑 까사마.
이것을 술어적 문장으로 표현하면 다음 문장 ①, ②로 표현될 수 없고
문장 ③으로 표현된다.

① Kasama ko ka. 까사마 꼬 까.
② Aking kasama ka. 아낑 까사마 까.
③ Kasama kita. 까사마 끼따.
당신은 나의 동료입니다.
< kasama - 동료, 일행 >

- Guro kita. 구로 끼따.
  당신은 나의 선생입니다.
  < guro - 선생 >

- Estudante kita. 에스뚜단떼 끼따.
  당신은 나의 학생입니다.
  < estudante - 학생 >

- Kaibigan kita talaga. 까이비간 끼따 딸라가.
  정말로 당신은 나의 친구입니다.
  < talaga - 정말로 >

- Kaibigan na kita. 까이비간 나 끼따.
  당신은 이미 나의 친구입니다.
  < na - 이미, 벌써 >

13-6-2 Makita

- Pwede ba akong makita sa iyo sa S.M? 뻬데 바 아꽁 마끼따 사 이요 사 에스엠?
  나는 당신을 에스엠에서 볼 수 있느냐?

- Makita ka ba sa kanya sa Manila kahapon? 마끼따 까 바 사 깐야 사 마닐라 까하뽄?
  당신은 어제 마닐라에서 그(녀)를 보았느냐?

13-7 놀람의 표현

- Ang ganda mo! 앙 간다 모.
  당신은 매우 아름답다.
  → Maganda ka talaga. 마간다 까 딸라가. (술어적 문장)
  → Ikaw ay talagang maganda. 이까우 아이 딸라강 마간다. (주어적 문장)
  당신은 정말로 아름답다.
  < ganda - 아름다움. talaga - 정말로 >

- Ang bait ninyo. 앙 바잇 닌요.
  당신들은 매우 친절하군요.
  → Mabait kayo talaga. 마바잇 까요 딸라가. (술어적 문장)
  → Kayo ay mabait talaga. 까요 아이 마바잇 딸라가. (주어적 문장)
  < mabait - 친절한 >

- Ang payat niya! 앙 빠얏 냐.
  그녀는 매우 날씬하다.
  < payat - 날씬한 >

- Ang bata ni Maria! 앙 바따 니 마리아.
  마리아는 매우 어리다.
  < bata - 어린 >

- Ang lamig ni Russia! 앙 라믹 니 러시아.
  러시아는 매우 춥다.
  < lamig - 추운 >

- Ang init ng tagaraw! 앙 이닛 낭 빡아라우.
  여름은 매우 덥다.
  < tagaraw - 여름 >

- Ang tangad niya! 앙 땅가드 냐.
  그는 정말로 키가 크다.
  →Siya ay matangad talaga. 샤 아이 마땅가드 딸라가(주어적 문장)
  →Matangad siya talaga. 마땅가드 샤 딸라가.(술어적 문장)

- Ang bait nila! 앙 바잇 닐라.
  → Mabait sila talaga. 마바잇 실라 딸라가. (술어적 문장)
  →Sila ay mabait talaga. 실라 아이 마바잇. (주어적 문장)
  그들은 매우 친절하다.

13-8 간단한 기본문장

- Gutom na ako. 구똠 나 아꼬
  나는 배가 고프다.
- Manood tayo ng sine. 마노드 따요 낭 시네.
  영화 보러 갑시다.
- Saan ang C. R? 사안 앙 시 알?
  화장실은 어디냐?
- Ingat lang. 잉앗 랑.
  조심하세요.
- Sandali lang. 산달리 랑.
  잠깐만
- Isa pa. 이사 빠.
  하나 더.
- Halika dito. 할리까 디또.
  이리오세요.
- Saan tayo magkikita? 싸안 따요 막끼끼따?
  어디서 만날까요?

- Malayo ba ang Makati? 말라요 바 앙 마까띠?
  마가티는 멀리 있니?

- Pakiusap dahan-dahan lang. 빡끼우삽 다한 다한 랑.
  실례지만, 천천히 갑시다.

- Syempre. 쉠뿌레.
  당연히.

- Tuloy. 뚤로이

  어서와.
  → Tuloy po kayo. 뚤로이 뽀 까요.
  어서 오십시오. (경어체)

- Tayo na. 따요 나.

  가자.
  → Tayo na po. 따요 나 뽀.
  갑시다(경어체).

- Saan ka galing? 사안 까 갈링?

  어디서 왔어?
  → Saan po kayo galing? 사안 뽀 까요 갈링?
  어디서 오셨습니까? (경어체)

- Ako ay tatlongpu't gulang na. 아꼬 아이 따뜰롱 뿟 굴랑 나.

  난 30살이야
  → Ako po ay tatlongpu't gulang na. 아꼬 뽀 아이 따뜰롱 뿟 굴랑 나.
  저는 30살입니다. (경어체)

- Hindi ko alarm. 힌디 꼬 알람.
  몰라
  → Hindi ko po alarm. 힌디 꼬 뽀 알람.
  모릅니다. (경어체)

- Anong oras na? 아농 오라스 나.
  지금 몇시지?
  → Anong oras na po? 아농 오라스 나 뽀.
  지금 몇시 입니까? (경어체)

- Salamat. 살라맛.
  고맙다.
  → Maraming salamat. 마라밍 살라맛.
  정말 고맙다.
  → Salamat po. 살라맛 뽀.
  고맙습니다. (경어체)
  → Maraming salamat po. 마라밍 살라맛 뽀.
  정말 고맙습니다. (경어체)

- Oo. 오오.
  그래.
  → Oo, po. 오오 뽀
  그래요 (경어체)

- Hindi. 힌디.
  아니.
  → Hindi po. 힌디 뽀.
  아닙니다. (경어체)

- Saan ka nakatira? 사안까 나까띠라?
  어디 살아?
  → Saan po kayo nakatira? 사안 뽀 까요 나까띠라?
  어디 사십니까? (경어체)

- Saan ka pumupunta? 사안 까 뿌무뿐따?
  어디 가느냐?
  → Saan po kayo pumupunta? 사안 뽀 까요 뿌무뿐따?
  어디 가십니까? (경어체)

- Walang anuman. 왈랑 아누만.
  천만에.
  → Wala pong anuman. 왈라 뽕 아누만.
  천만의 말씀입니다. (경어체)

- Kumusta ka? 꾸무스따 까?
  잘 있었어?
  → Kumusta po kayo? 꾸무스따 뽀 까요?
  안녕하십니까? (경어체)

- Mabuti naman. 마부띠 나만.
  좋아.
  → Mabuti naman po. 마부띠 뽀 나만.
  좋습니다. (경어체)

- Sandali lamang. 산달리 라망.
  잠깐만.
  → Sandali lamang po. 산달리 라망 뽀.
  잠깐만요. (경어체)

key Point

< 많이 사용되는 표현 >

1. 할수 있다 : Puwede
2. 있다 : May, Mayroon(Meron)
   없다 : Wala
3. 누구의 것 : Kanino
4. 좋아하다 : Gusto,　싫어하다 : Ayaw
5. Kita ; ko, ka의 대신 표현, Makita : 보다
6. 놀람의 표현
   예 Ang bait mo. 당신은 매우 친절하다.

(따갈로그에서 무엇을 명령할 때는 동사만, 이것을 부정할 때는 동사 앞에 Huwag, 그리고 권유는 Tayo를 사용하면 된다.)

따갈로그(발음)-한글-영어

2부

본 내용은 각종 <따갈로그 - 한글 - 영어>관련 사전을 참고하여 일반 대화시 주로 많이 사용되는 단어 위주로 따갈로그 발음과 함께 정리하였음.

agad 아가드, kaagad 까아가드, maya-maya 마야 마야 곧, 즉시 : shortly, quickly
agila 아길라 독수리 : eagle
ahas 아하스 뱀 : snake
akin 아낀 나의, 나의것 : my, mine
aklat 아끌랏, libro 리브로 책 : book
aklatan 아끌라딴, laybrari 라이브라리 도서관 : library
ako 아꼬 나 : I
alimango 알리망고 게 : crab
alin 알린 어느것, 어느쪽 : which
almusal 알무살, agahan 아가한 아침식사 : breakfast
ama 아마, tatay 따따이, itay 이따이 아버지 : father
amoy 아모이 좋지못한 냄새 : odor
anak 아낙 자손 : progeny
ano 아노 무엇 : what
anuman 아누만 하는 것은 무엇이든지 : whatever
asal 아살, gawi 가위 행동 : behavior
asawa 아사와 배우자 : spouse
asawang babae 아사왕 바바에 아내, 부인 : wife
asawang lalaki 아사왕 랄라끼, bana 바나 남편 : husband
asin 아신 소금 : salt
aso 아소 개 : dog
asukal 아수깔, matamis 마따미스 설탕 : sugar
asul 아술, bughaw 북하우 하늘색의 : azure
at 앗 와, 과 : and
at iba pa 앗 이바 빠 등등(etc) : and so on
awit 아윗, kanta 깐따 노래 : song
baba 바바 턱, 턱끝 : chin
babae 바바에 여자 : female

baboy 바보이	돼지 : pig
bagyo 바교, unos 우노스	태풍 : typoon
bahay 바하이	집, 건물 : house
baka 바까	암소 : cow
bakit 바낏	왜 : why
balita 발리따	소문 : rumor
bansa 반사	국민 : nation
batang babae 바땅 바바에	소녀 : girl
batang lalaki 바땅 랄라끼	소년 : boy
bawang 바왕	마늘 : garlic
bigas 비가스, kanin 까닌	쌀 : rice
bote 보떼	병 : bottle
bulalak 불랄락	꽃 : flower
bundok 분독	산 : mountain
bunga 분가, prutas 쁘루따스	과일 : fruit
buwan 부완	달, 월 : moon, month
daan 다안	거리 : street
damit 다밋, baro 바로	의복 : dress
dito 디또	여기 : here
dumating 두마띵	도착하다 : arrive
gabi 가비	밤, 저녁 : night
galit 갈릿	성난 : hate
gamot 가못	약 : drug, medicine
garahe 가라헤	차고 : garage
gatas 가따스	우유 : milk
ginto 긴또	금 : gold
gulang 굴랑, edad 에다드	나이 : age
gulay 굴라이	채소 : vegetable
gumawa 구마와, gawin 가윈	하다 : do
gutom 구똠	배고픔 : hunger
halaga 할라가, presyo 쁘레쇼	가격 : price
halik 할릭	키스 : kiss

hangin 항인	공기, 바람 : air, wind
hapon 하뽄	오후 : afternoon
hapunan 하뿌난 :	저녁 : supper
hingil sa 힝길 사, tungkolsa 뚱꼴사	~관하여, 대하여 : concerning
ina 이나, nanay 나나이	어머니 : mother
ingay 잉아이	소리, 소음 : noise
isda 이스다, v. mangisda 망이스다	물고기 : fish
itlog 이뜰록 :	달걀 : egg
kaagad 까아가드	즉시 : at once
kaaway 까아와이, kalaban 깔라반	적, 경쟁상대 : enemy
kahapon 까하뽄	어제 : yesterday
kahit sino 까힛 시노	누구도, 아무도 : anyone
kaibigan 까이비간	친구 : friend
kailangan 께이랑안	필요한 : requisite
kailan 께란	언제 : when
kalahati 깔라하띠	절반 : half
kamatis 까마띠스	토마토 : tomato
kambing 깜빙	염소 : goat
kanya 깐야	그를, 그에게 : him
kanilar 까닐라	그들 : them
kanser 깐슬	암 : cancer
kanya 깐야	그의 : his
kape 까뻬	커피나무, 한잔의 커피 : coffee
karne ng baboy 까르네 낭 바보이	돼지고기 : pork
karneng baka	쇠고기 : beef
kasal 까살	혼례 : wedding
kasama 까사마	동료, 포함하다 : comrade, conclude
katas 까따스	주스, 즙 : juice
katawan 까따완	몸, 신체 : body
kawal 까왈, sundalo 순달로	군인 : soldier, military
kilay 낄라이	눈썹 : eyebrow
klima 끌리마	기후 : climate

kotse 꼬체 자동차 : auto
kulay 꿀라이 색깔 : color
kumain 꾸마인, kain 까인 먹다 : eat
kumuha 꾸무하 얻다 : get
kung 꿍 만약 ~이면 : if
kusina 꾸시나 부엌 : kitchen
kuwento 꾸웬또, salaysay 살라이사이 이야기 : tale
labas 라바스, sa labas 살라바스 바깥쪽 : outside
labasan 라바산 출구 : exit
labi 라비 입술 : lib
lahat 라핫 모든 것 : everything
lalaki 랄라끼 남성 : mate
lamang 라망 그저, ~에 불과한 : mere
lamig 라믹, ginaw 기나우 추위 : coldness
lamok 라목 모기 : mosquito
langit 랑잇 하늘 : sky
lumangoy 루망오이 헤엄치다 : swim
lungsod 룽소드 도시 : city
lupa 루빠 토양 : soil
maari 마아아리 할 수 있다 : can
mabagal 마바갈 느린 : slow
mabaho 마바호, masama ang amoy 마사마 앙 아모이 악취있는 : malodorus
mabilis 마빌리스, matulin 마뚜린 빠른 : rapid
mabuhay 마부하이, tumira 뚜미라 살다 : live
madalas 마달라스, malimit 말리밋 자주, 종종 : often
madali 마달리, maluwag 말루왁 용이하게 : easily
magalang 마갈랑 공손한, 예의바름 : polite
magaling 마갈링 우수한 : excellent
magalit 마갈릿 화를 내다 : get angry
maganda 마간다 아름다운 : beautiful
magbago ng isip 막 바고 낭 이십 (생각을)바꾸다 : to change one's mind

magbili 막빌리 팔다 : sell
maging 마깅 되다 : become
magkasama 막까사마 함께 : together
magtanong 막따농 묻다 : inquire
magtayo 막따요 올리다 : put up
magturo 막뚜로 가르치다 : teach
mahal 마할 사랑하는 : beloved
mahalaga 마할라가 비싼, 귀중한 : precious
mahina 마히나 약한 : weak
mahirap 마히랍 가난한 : needy
maiba ako 마이바 아꼬 그런데 : by the way
maiba sa 마이바 사 다르다 : differ from
mainit 마이닛 뜨거운 : hot
mais 마이스 옥수수 : corn
makakuha 마까꾸하 얻다 : obtain
makihalo 마끼할로 섞다, 혼합하다 : mingle
makina 마끼나 기계 : machine
makita 마끼따 보다 : see
makinig 마끼닉 듣다 : listen
malakas 말라까스 힘이있는 : forcefull
malaki 말라끼 큰, 넓은 : large
malaya 말라야 자유로이 : freely
malayo 말라요 멀리, 아득히 : far
maliit 말리잇 작은 : small
malusog 말루속 건강한, 튼튼한 : healthy
mamatay 마마따이 죽다 : die
marahil 마라힐, siguro 시구로 아마, 어쩌면 : perhaps
marami 마라미 다수의, 많은 : numerous, many
masama 마사마 악한, 더러운 : wicked, foul
masarap 마사랍 맛있는 : delicious
masaya 마사야, maligaya 말리가야 즐거운, 명랑한 : joyful
masipag 마시빡, masikap 마시깝 근면한, 부지런한 : diligent

masipag na manggagawa 마시빡 나 망가가와 열심히 일하는 사람 : hard worker
mataas 마따아스 높은, 키큰 : tall, high
matapang 마따빵 용감한, 멋진 : brave
matigas 마띠가스 단단한 : hard
matulog 마뚜록 자다 : sleep
may-kaya 마이까야 여유가 있다 : afford
may utang 마이 우땅 빚이 있다 : owe
may ari 마이 아리 사장 : owner
mamaya 마마야, mayamaya 마야마야 뒤에, 나중에 : later
mesang kainan 메상 까이난 식탁 : dining table
mula ngayon 물라 나욘 지금부터 : from now on
musika 무시까 음악 : music
nakakain 나까까인, puwedeng kainin 뿌웨뎅 까인인 먹을 수 있는 : edible
nakamamatay 나까마마따이 치명적인 : deadly, fatal
nakaraan 나까라안 뒤에, 다음에 : after
nakaraan buwan 나까라안 부완 지난달 : last month
nakaraan linggo 나까라안 링고 지난 주 : last week
nakaraan taon 나까라안 따온 작년, 지난해 : last year (the fromer year)
nakararami 나까라라미 대부분, 과반수 : majority
nakita 나끼따 보았다 : saw(see)
napaka 나빠까, sobra 소브라 아주, 너무 : too much, very
ngayon lang 나용 랑, ngayon na 나욘 나 금방 : just now, right now
ngayong araw 나용 아라우 오늘 : today
ngayong taon 나용 따온 올해, 금년 : this year
ngiti 니띠 미소 : smile
nguni't 누닛, pero 뻬로 하지만, 그렇지만 : but
o 오, kung hindi 꿍 힌디 혹은 : or (else)
oras ng tulog 오나스 낭 뚤록 취침시간 : bedtime
otel 오뗄 호텔, 여관 : hotel

panyo 빤요 손수건 : handkerchief
paruparo 빠루빠로 나비 : butterfly
Pasko 빠스꼬 성탄절 : Christmas
pinakamahusay 삐나까마후사이 우수한 : excellent
pinakamasama 삐나까마사마 가장 나쁜 : worst
pinsan 삔산 사촌 : cousin
pisara 삐사라 칠판 : blackboard
presyo 쁘레쇼 가격 : price
probinsya 쁘로빈샤 지방, 시골 : countryside, province
problema 쁘로브레마 문제 : problem
pulis 뿔리스 경찰 : police
pusa 뿌사 고양이 : cat
puso 뿌소 마음 : heart
sabi sabi 사비 사비 풍문 : hearsay
sili 실리 고추 : chili
sine 시네 영화 : movie
sagot 사곳, tugon 뚜곤 대답 : answer, reply
takbo 딱보 달리다 : run
tama o mali 따마 오 말리 좋건 나쁘건 : right or wrong
tapon 따뽄 던지다 : throw
telepono 뗄레뽀노 전화(기) : phone, telephone
tekniko 떼끄니꼬 기술자, 과학기술 : technician, technical (technology)
tila 띨라 아마, 어쩌면 : perhaps(maybe)
tren 뜨렌 기차 : train
ugat 우갓 뿌리 : root
ulan 울란 비 : rain
ulap 울랍 구름 : fog, mist
unti-unti 운띠 운띠 점차 : little by little
wala na 왈라 나 없다 : no more
wala pa 왈라 빠 아직 : yet(not yet)

〖 참고도서 〗

1. 쉽게 배우는 따갈로그, 쉽게 말하는 영어회화. HA-NEUL, Johnson Park
2. 쉽게 배우는 필리핀어(따갈로그어). 문예림, 이기선 저.
3. 각종 사전과 인터넷 자료.

초보를 위한 실전 필리핀어(따갈로그) 수정판

2023년 3월 10일 3쇄 발행

저　　자 강대민
발 행 인 송기수
발 행 처 도서출판 GS인터비전
편 집 처 도서출판 GS인터비전
인 쇄 처 GS인터비전
등록번호 제 25100-2016-000050 호
I S B N 979-11-5576-192-2(03000)

주　　소 서울 은평구 증산로 15길 69 2층
전　　화 02-976-7898
팩　　스 02-6468-7898
홈페이지 gsintervision.co.kr
E-Mail gsinter7@gmail.com

정 가 17,000원